これからのマネジャーの教科書

自己変革し続けるための3つの力

グロービス経営大学院
［著］

グロービス経営大学院　経営研究科　研究科長
田久保善彦
［監修・執筆］

東洋経済新報社

はじめに

「ミドルマネジャー」

この言葉を聞いて、読者の皆さんはどのようなイメージを思い描くだろうか。おそらく、板挟み、多忙、疲れている、などネガティブなものが多いのではないだろうか。

事実、上司と部下にはさまれるマネジャー、すなわちミドルマネジャーとして果たさなければならない業務量は多く、責務は多岐にわたる。上司からのプレッシャーに耐え、社外や社内の他部署との調整に奔走し、部下の育成に悩み、自らの想いや志とは別に、抱えきれない量の案件に忙殺されている姿が見受けられる。多くの人が「ミドルマネジャー」と聞いてネガティブなイメージを思い浮かべるのは、そういった姿を多かれ少なかれ見ているからかもしれない。

そのせいか、近年「管理職になりたくない」という若者が増えてきている。例えば公益財団法人日本生産性本部が実施した「2015年度 新入社員 秋の意識調査」によると、「管理職になりたくない」と回答した新入社員が全体の48・1％と約半数にも上ると報告されている。

若者が自分の将来の姿に希望が持てないというのは大きな問題である。

上に合わせても下からは慕われない。下ばかり大事にしても横から足を引っ張られる。

しかし、そうしたしがらみにとらわれながらも**ジレンマと戦い、上司、同僚、部下を味方につけて「周囲からの期待以上の成果を上げるミドルマネジャー」**もまた存在する。こうしたミドルマネジャーからは**何ごとも前向きに捉え、いかなる困難も成長の糧として、常に変化、進化、成長していこうという前向きなパワーを感じる。さらには、自らの志を持ち、働くことを楽しんでいるように見える人もいる。**

私も、２０１６年現在１５００名以上の社会人学生が通学するグロービス経営大学院に10年勤務する中で、多くのこのようなミドルマネジャーの方に出会い、多くの刺激を受けてきた。そのような中で、頭の中にふと次のような疑問が湧いてきた。

「常にイキイキと仕事に取り組み、周囲からの期待を超える活躍をしているミドルマネジャーと、そうでないミドルマネジャーの違いはどこから生まれるのか？」

本書は、この疑問への答えを探るために、期待を超える成果を上げている40名以上のマネジャーにインタビューを行い、その結果をまとめたものである。

そもそも複雑怪奇な仕事をしなければならないマネジャーであるから、**期待を超えるために決められた方法があるわけでも、「よいミドルマネジャーになる○つの法則」といった、速習できるノウハウがあるわけでもない。**期待を超えるミドルマネジャーは、**皆さん自分自身のこれまでの経験や学び、自身の価値観をベースに、自分なりの方法で、必要な能力を獲得し、それを維持、強化、そして時に失った自信を回復させながら、道を切り開いていた。**しかし、そのような中でも、彼らから共通して学びうる大切なポイントがたくさんある。それらをこれからご紹介していきたい。

まず、第1章では、ミドルマネジャーの置かれた状況を概観した。そのうえで、第2章では、会社からも周囲からも一目置かれ、期待を超える成果を上げているミドルマネジャーへのインタビュー結果から明らかにした、彼らが備えている、ベースとなる次の3つの力について詳しく解説した。

「マネジャーとしてのビジネススキル＝組織として成果を出す力（スキル）」
「強い想いやこだわりを持っている＝仕事に対する想いの力（ウェイ）」
「周囲との考えの違いを乗り越える力（ギャップ）」

そして第3章では、3つの力をどのようにして身につければいいのか、自己変革力と自分を変えていくための3つのステップを示した。第4章では、多忙な日常の中でどうすれば「期待を超えるミドルマネジャー」で〝あり続ける〟ことができるのか（**「維持」**または**「強化」**が**できるのか**）、それが不可能な場合は、どうやって「期待を超えるミドルマネジャー」に再びなれるのか（**「回復」できるのか**）についての考察を行った。

第5章では取材した41人の中から、7人の「期待を超えるミドルマネジャー」について、具体的にどのように3つの力を獲得し、その維持、回復、強化に取り組んできたのかについて記した。さまざまな事例に、読者の皆さんが自己投影できる部分があると思う。

「何事も、1日にしてはならず」である。「期待を超えるミドルマネジャー」も、長年にわたる努力やプロセスの成果として、自らが自らを創り上げている様子がおわかりいただけるはずだ。「期待を超える人材になりたい！」と思った日が吉日。その日から、積み上げられることの質と量によって、今後のビジネスパーソンとしての人生を、どれだけ充実させることができるかが決まる。

1人でも多くの読者に、周囲の期待を大きく超えるミドルマネジャーになるためのヒントを本書から得ていただけたとしたら、これ以上の喜びはない。

2016年6月吉日

共同研究者、執筆者を代表して

グロービス経営大学院 経営研究科 研究科長
田久保善彦

本書のベースとなった研究の概略

本書は、中・大企業に勤めるビジネスパーソン41人に対するインタビューの結果をもとに執筆した。上司と部下それぞれ上下一階層以上の役職に挟まれている人たちであり、業界や職種、性別に偏りが出ないようにさまざまな分野で周囲からの期待を超える活躍をするマネジャーを選定した。インタビュー対象者の具体的な情報は次ページの表に示すとおりである。

調査は、事前のアンケート調査に加え、平均2時間程度のインタビューを実施した。また、グロービス経営大学院には1500名を超える社会人学生が在籍しており、この学生の皆さんとの対話から得られた知見も適宜参考にしつつ、「期待を超えるミドルマネジャー」の共通性や法則性を抽出したうえで本書を取りまとめた。

インタビュー対象者

業種	部署	役職	職種	性別	年齢
IT	システム事業統括	本部長	技術	女性	40代
IT	グループ会社出向	取締役	事務	男性	40代
IT	事業開発	部長	事務	男性	30代
IT	グループ人事	執行委員	事務	女性	40代
コンサル	採用コンサル	課長	事務	女性	40代
サービス	営業戦略	チーフスーパーバイザー	事務	男性	30代
サービス	商品企画	統括ジェネラルマネジャー	事務	男性	30代
医薬	経営企画室	参事	事務	男性	40代
医療	人材開発	部長	技術	女性	50代
医療	マーケティング	マーケティングダイレクター	事務	男性	40代
印刷	海外事業	部長	事務	男性	50代
飲食	広報	統括マネジャー	事務	男性	30代
化学	再生医療	研究員	技術	男性	30代
化学・電機	物流	担当部長	事務	男性	40代
機械	調達	課長	事務	男性	40代
教育	人事	マネジャー	事務	男性	30代
教育	経営企画	統括シニアマネジャー	事務	男性	30代
教育	法人営業	課長	事務	女性	40代
金融	企画	課長	事務	男性	30代
建設	技術本部	部長	事務	男性	30代
建設	プロジェクト管理	課長	事務	男性	40代
研究機関	言語教育	准教授	事務	女性	30代
航空	海外委託	部長	技術	男性	50代
自動車	アジア子会社出向	ジェネラルマネジャー	技術	男性	40代
自動車	品質管理	課長	事務	男性	40代
出版	編集	編集長	事務	女性	40代
助成財団	ソーシャルイノベーション本部	部長	事務	男性	40代
商社	都市開発	課長	事務	男性	40代
商社	マーケティング	部長	事務	女性	30代
情報通信	営業戦略	室長	事務	男性	40代
食品	開発営業	課長	事務	男性	40代
食品	法人統括本部	担当部長	事務	女性	40代
食品	人事	副部長	事務	男性	40代
精密機器	自動認識事業	マネジャー	技術	男性	40代
石油	国際販売	マネジャー	事務	男性	40代
通信販売	EC・カタログ事業	部長	事務	男性	30代
電機	人事本部	—	事務	男性	30代
電子部品	新規事業推進	次長	技術	男性	40代
電力	通信運営	課長	技術	男性	40代
保険	損害サービス	課長代理	事務	男性	30代
旅行	メディア企画製作	部長	事務	女性	40代

※いずれも肩書等はインタビュー当時(順不同)

◆目次

第4章 期待を超えるミドルマネジャーであり続けるために 105

第1章

ミドルマネジャーとは何か

CHAPTER 1

1 マネジメントという仕事

「ミドルマネジャー」についての本題に入る前に、まずは「マネジメント」という仕事、そしてその特徴とは何かを簡単に整理しよう。

◆マネジャーの仕事の難しさ

マネジメントとは、「計画し、組織し、指揮し、調整し、統制すること」であると、フランスの経営者であり管理原則の父と呼ばれたアンリ・ファイヨールは『産業ならびに一般の管理』（ダイヤモンド社）の中で、今から100年前の1916年に定義した。そして、マネジメントを行う者たちを「マネジャー」と呼んだ。

また、現代を代表する経営学者の1人であり、マネジャー研究の第一人者であるヘンリー・ミンツバーグ（以下、ミンツバーグ）は『マネジャーの実像』（日経BP社）の中で、マネジャーの仕事を次のような言葉で表現している。

「過酷なペース、細切れの仕事、守備範囲の広さ、頻繁な中断、行動志向の強さ、口頭のコミュニケーションの重視、ヨコの関係の重要性、主導権を握りづらい状況で主導権をある程度確保するための苦心――こうした要素がマネジメントという仕事の特徴である」

これだけでは、マネジャーの仕事がどのようなものであるかイメージしにくいかもしれないが、そのわかりにくさこそが本質だ。つまり、**マネジャーの仕事とは、きわめて複雑で一言で表すのは不可能ということが大切な1つの結論**なのだ。

また、マネジャーはますます複雑で難しい状況に置かれつつあるともいえる。「ビジョンを作成する」、「メンバーを動機づける」といったことは、マネジャーとは一線を画する存在である「リーダー」に求められる役割として定義されることが多いが、現実社会においては、それらもマネジャーに求められることが多い（例えば、チームのビジョンや方針を示さなくてよい、部下の動機づけをしなくてよいといわれているマネジャーはいないはずだ）。

加えて、ミンツバーグは、同じく『マネジャーの実像』の中で、以下のように述べている。

「なにしろ、昨日までオーケストラでフルートを吹いていた人や手術室でメスを振るっていた人が、次の日からは、昨日までの自分と同じことをしている人たちを管理する立場になるのだ。すべてがガラリと変わる。それなのに、誰も手を差し伸べてくれず、自分だけでなんとか切り抜けていかなくてはならない。途方に暮れるのも無理はない」

換言すれば「マネジャー」は「プレイヤー」とはまったく異なる役割であり、当事者がプレイヤー意識の延長で頑張ってもどうにかなるものではないということだ。加えて、この言葉は、**世間一般に共通する「マネジャーの仕事習得法」などは存在せず、それぞれが自分の職場で、自分の力で習得するしかないということも示唆しており、よいマネジャーになることの難しさを表している。**

◆マネジャーが抱える数え切れないほどのジレンマ

さらに、ミンツバーグはマネジメントという仕事の特徴は、「数え切れないほどのジレンマがついて回る」ことにあるとしている。同書では、代表的な13のジレンマを5つ（「思考のジレンマ」「情報のジレンマ」「人間のジレンマ」「行動のジレンマ」「全体的なジレンマ」）に分けて紹介しているが、どれもこれも、頭を抱えたくなるような話である（図表1－1）。

図表1-1　マネジメントの13のジレンマ

思考のジレンマ	**上っ面症候群**…どうすれば、目の前の仕事を片付けなくてはならないという強烈なプレッシャーのなかで、ものごとの理解を深められるのか。 **計画の落とし穴**…多忙をきわめる仕事の場で、どうやって未来を見すえ、計画を立て、戦略を練り、ものを考えればいいのか。 **分析の迷宮**…分析によって細かく分解された世界をどのようにして一つにまとめ上げればいいのか。
情報のジレンマ	**現場との関わりの難題**…マネジメントという行為の性格上、マネジメントの対象から乖離することは避けがたい。そういう状況で、どうすれば現場の情報を途切れなく入手し続けられるのか。 **権限委譲の板ばさみ**…関連する情報の多くが私的なもので、文書化されておらず、マネジャーの地位のおかげで入手できるものである場合、どのように権限移譲をおこなえばいいのか。 **数値測定のミステリー**…数値測定に頼れないとき、どのようにマネジメントをおこなえばいいのか。
人間のジレンマ	**秩序の謎**…マネジメントそのものがきわめて無秩序な活動であるなか、組織のメンバーの仕事に秩序をもたらすために、マネジャーはどのように振る舞えばいいのか。 **コントロールのパラドックス**…自分より地位の高いマネジャーが秩序を押しつけてくるとき、マネジャーはどうやって、「統制された無秩序」を維持すればいいのか。 **自信のわな**…傲慢への一線を越えることを避けつつ、適度の自信を保ち続けるためには、どのように振る舞えばいいのか。
行動のジレンマ	**行動の曖昧さ**…ややこしくて、微妙な差異が大きな意味をもつ環境で、マネジャーはどのようにして決断力を発揮すればいいのか。 **変化の不思議**…継続性を保つ必要がある状況で、どのようにして変化をマネジメントすればいいのか。
全体的なジレンマ	**究極のジレンマ**…マネジャーはどのようにして、数々のジレンマに同時に対処すればいいのか。 **私のジレンマ**…マネジャーが直面する数々のジレンマは、すべて個別に論じられる半面、どれも根は同じに見える。この点をどう説明すればいいのか。

出所：ヘンリー・ミンツバーグ『マネジャーの実像』（日経BP社）

こうした「難しいジレンマがついて回る」ことによって、苦悩するマネジャーが増えることになるが、その姿こそが、冒頭に紹介した管理職になりたくない若者を増やす一因になっているのかもしれない。

2 ミドルマネジャーとは誰を指すのか

ここで、本書で扱う「ミドルマネジャー」を改めて定義しておきたい。**「ミドルマネジャー」とは、一般的に部下を持つ管理職（マネジメント層）でありながら、上位管理職の指揮下に配属されている管理職で、経営層（以下、トップと呼ぶ）と下位（以下、ボトム）との間をつなぐ役目を担い、トップが示した理念やビジョンを部下に伝え、目標実現のための戦略を推進する中間層を指す。**他方、現場の状況をボトムから報告を受けて把握し、トップに正確に伝えることもまた求められている。日本企業におけるミドルマネジャーの代表的な役職としては、部長、課長などが挙げられる（図表1－2）。

ここで1つ注意していただきたいことがある。年功序列的な傾向が強かったこれまでの日本

図表1-2 企業における階層ピラミッドとその割合（イメージ）

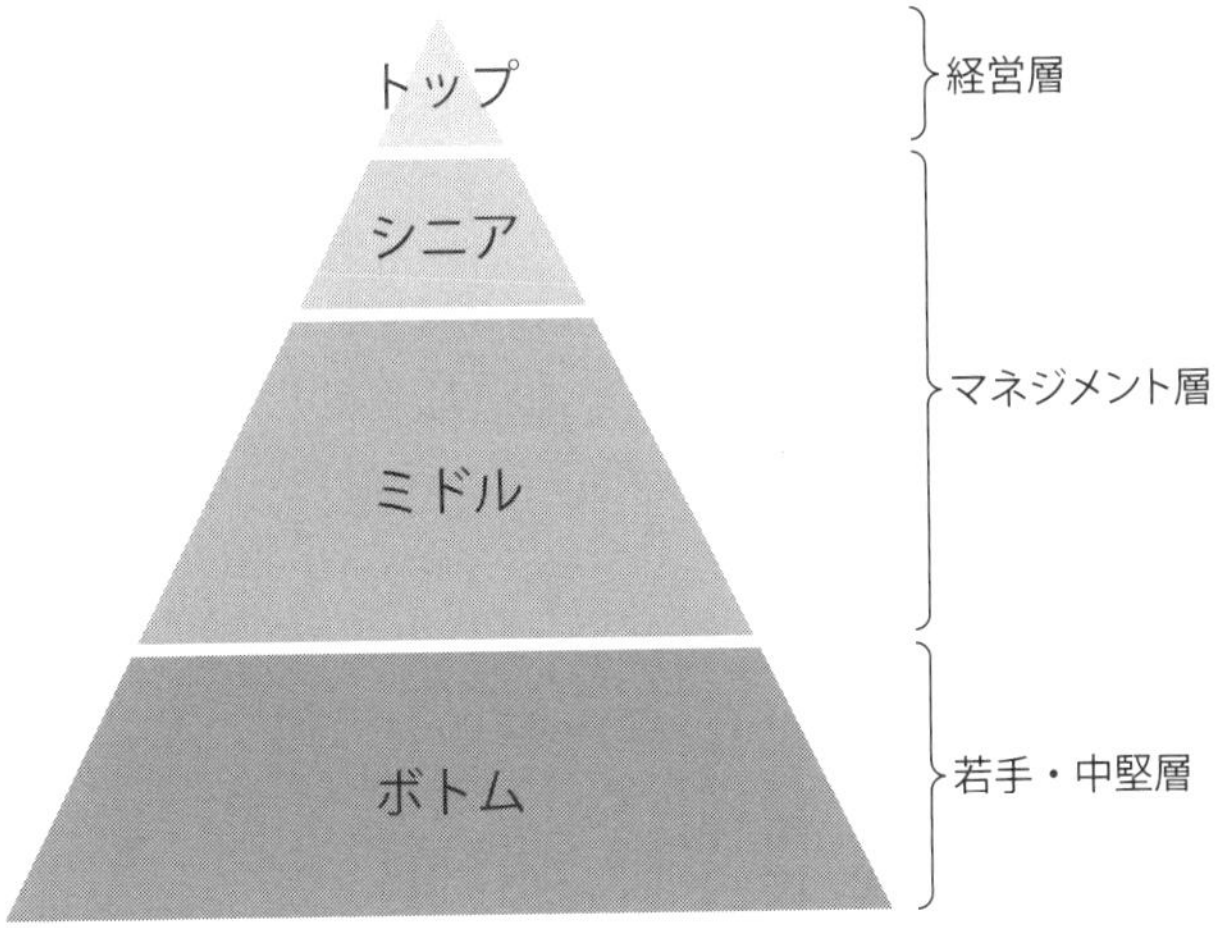

企業においては、ミドルマネジャーという言葉から想定される「年齢層」が存在していた（企業によって差があるが例えば、35歳～50歳等）。しかし、近年その傾向は大きく変化しており、20代、30代前半の部長、課長が存在している企業も少なくない。従って、本書においては、**ミドルという言葉と年齢の間には、いかなる前提も関係性も置かないで議論を進める**ことにする（25歳のミドルも55歳のミドルもありうるということだ）。

◆ミドルマネジャーの重要性

日本を代表する経営学者であり、『知識創造企業』（東洋経済新報社）の著者である野中郁次郎（以下、野中）は、同書の中でミドルマネジャーこそが「連続的イノベーションの鍵を握っている」と主張し、「ミドルは、トップと第一線マネジャーを結びつける戦略的『結節点』となり、トップが持っているビジョンとしての理想と第一線社員が直面することの多い錯綜したビジネスの現実をつなぐ『かけ橋』になるのである」と述べている。そして同書が提案する、トップダウンでもボトムアップでもない、新しい「ミドル・アップダウン・モデル」におけるキー・プレイヤーとして期待されるのがミドルである。

ここで「ミドル・アップダウン・モデル」について簡単に説明しておこう。トップダウン型モデルの難しいところは「数人のトップ・マネジャーの運命が会社の運命になってしまう危険性がある」という点である。カリスマ経営者が代替わりすると一気に経営状態が悪化するケースは少なくない。このモデルにおいて、トップからの命令は下へ下へと伝えられ、第一線にいるボトム社員の仕事のほとんどはルーティンとなり、組織全体で大量の仕事と情報を処理することになる。このモデルにおけるミドルマネジャーの役割は単なる情報処理者でしかない。

一方、ボトムアップ型モデルにおける難点は、社員の「個人の忍耐と才能に依存する部分が大きくなる」ことである。組織の下段にいる個人がアイデアを発したとしても、局所最適になり、会社としては取り上げにくいということが頻発する。このモデルにおけるミドルマネジャーの役割は、個人の後援者や庇護者となりえるが、トップが発案者の直接の後援者となることもあるため、実際には「ミドル・マネジャーの居場所さえない」こともある。

野中が推奨する「ミドル・アップダウン・マネジメント」型モデルにおいては、ミドルマネジャーが「トップが創りたいと願っているものと現実世界にあるもの（第一線で活躍する社員が最も精通している）との矛盾を解決しようと努力」するところに特徴がある。トップが持つ理想と、第一線にいるボトム社員が直面するビジネスの実情を、社内情報のタテとヨコの流れが交差する場所に位置づけられたミドルマネジャーが変換する役割を担うことで、先の2つのモデルのいいとこ取りを可能にする。ミドルマネジャーが起点となって企業におけるイノベーションや価値が生み出されるのである。野中はこれこそが日本的経営の良さであり、日本企業の強さの源であると述べている。繰り返しになるが、このモデルを可能にするのは他でもないミドルマネジャーであり、ミドルマネジャーの活躍なしに「ミドル・アップダウン・マネジメント」は成立しない。

ともすると、ミドルマネジャーは、シニアやトップに至る通過点か、もしくはトップに行けなかった人が止まるポジションと認識されがちであったが、野中やミンツバーグの論に従えば、**ミドルマネジャーには特殊な困難さ、そしてミドルマネジャーならではの価値がある。**困難を乗り越え成果を出すこと自体に価値があり、もっと評価されてしかるべきであるともいえる。

また、ミドルマネジャーはマネジメント層の中でもボリュームゾーンであり、この層がよい状態にあるかどうか、もしくは会社としてよい状態にできるかどうかは、その企業の将来を占うえでも大きな要素となるため、その重要性は強調してもしすぎることはないであろう。

◆日本のミドルマネジャーの実態

ミドルマネジャーの重要性が強調されている一方で、一般社団法人日本経済団体連合会（以下、経団連）の「ミドルマネジャーをめぐる現状課題と求められる対応（2012年5月15日）」によると、日本のミドルマネジャーは疲弊しているという報告がなされている。しかも、「海外の企業からはあまり聞こえてこない」課題として、「なぜ、日本のミドルマネジャーだけが疲弊しているのか」という疑問を取り上げている。

この報告によると、バブル崩壊後、人件費抑制のために行われたリストラによって管理職のポストが削減され、営業の第一線に立ちながら、管理職として多数の部下のマネジメントが求められる「プレイングマネジャー化」が進んだという。そこで、プレイヤーとして課せられた目標やノルマはおおむね達成するが、マネジャーとしては、日々の多忙な業務に追われて全体の管理や部下指導・育成が疎かになっているという指摘が多く聞かれるようになったのだ。事実、学校法人産業能率大学の「上場企業の課長に関する実態調査」（2016年3月）によると、99・1％がプレイヤー業務を兼務しており、全体の35・8％が業務量の多さを悩みとして挙げている。

また、リクルートワークス研究所が行った調査（「5カ国比較〝課長〟の定義」『Works』（第128号、2015年2月））に、海外（アメリカ、インド、中国、タイ）の管理職と比較したデータがある。この調査によると、部下がいるマネジャーに限定したにもかかわらず、日本は中国と並んでプレイヤーとしての業務が多く、アメリカ、インド、タイは全体の1.5～2割しかプレイヤーとしての仕事がないのに対し、日本は約3割の時間や労力を個人的な成果を出すために注ぐ。前述した日本の「プレイングマネジャー化」の結果がここにも表れている。

経団連は「ミドルマネジャーが求められる役割を十分に果たせていない理由」の構造的要因を以下の5つとして整理している。

（1）経営環境の変化～ビジネスの複雑化・高度化
（2）組織構造の変化～組織のフラット化等による影響
（3）雇用形態や働き方に対する意識の多様化
（4）短期的な業績・結果志向の強まり～失敗を許容しない雰囲気
（5）コンプライアンス等に関する管理実務の増大

中でも（2）及び（3）は戦後～高度経済成長と、長期雇用を前提とした年功序列型をとってきた日本がバブル崩壊後にとった大きな変化であり、日本独自の要因であると考えられる。

ミドルマネジャーという仕事の大変さとその重要性については疑う余地はないが、日本の歴史的変遷とそれに伴う構造的要因から、**疲弊しているミドルマネジャーが増え、その多くがミドルマネジャーに求められる重要な役割が果たせていないことは日本のビジネス界において見逃せない事態である。**

3 自己変革力を求められるミドルマネジャー

日本のマネジャーを取り巻く厳しい状況を概観してきたが、加えて2つ触れておきたい。

1つ目は、ビジネス環境が激変する現代において、**「ミドルマネジャー自身が変わり続けなければならない」**ということである。グローバル化、IT化が進展することで、競争環境が厳しくなり、さらに日本においては人口減少により多くの産業でマーケットそのものが縮小する中では、今までと同じことをしていては衰退の道をたどらざるをえない。このような状況においては、これまで以上にミドルマネジャー自身が自発的に変わり、社内で変革を起こし、環境変化を踏まえた新たな事業や仕組みを創造しなければならない。もっといえば、そうしなければ、生き残っていくことが困難な時代になっているのだ。ＩＱ（知能指数）、ＥＱ（心の知能指数）に加え、**ＡＱ（アダプタビリティー**〔適応・順応〕指数）が問われている。ＡＱという言葉は、ビジネスの変化のスピードが世界一速いシリコンバレーで使われている。

２つ目は、日本においても年功序列的制度が崩れる中、現実的にすべてのビジネスパーソンがシニアマネジメントやトップマネジメント層になるわけではなく、**「ミドルマネジャーとしてイキイキと働くこと自体」に価値を見出していくことが大切だ**ということである。既述のようにマネジャーの仕事は複雑で、一筋縄ではいかない。プレイングマネジャーは常に多忙だ。しかし一方で、管理業務と現場を両方持つ、つまり２つの楽しみがあるという恵まれた環境と捉えることもできるはずだ。数多くのトップマネジメントが日本経済新聞の「私の課長時代」というコラムで、「課長時代が一番楽しかった」という趣旨の発言をしているのも、２つの側面を持つことが充実感につながる証拠だろう。

このような観点から、本書で扱う期待を超えるミドルマネジャーを見たとき、彼らには何ごとも前向きに捉え、いかなる困難も成長の糧として捉え、常に変化、進化していこうというパワーを感じる。さらには、自らの志を持ち、心から働くことを楽しんでいる人もいた。そして、何か困難に巡り合うと、自分自身と向き合い、必死に学び、自らを変えていく姿がそこにはあった。**組織の中で重要な役割を担うミドルマネジャーが、周囲からの期待を超え、イキイキ**

と働けば直接的によい影響を組織に与えることは言うまでもないだろう。加えて、そのような姿が部下に目指すべき姿や目標を与えれば、より多くの社員が活性化し、会社そのものが元気になるのではないだろうか。そして、個別の会社が活性化した結果として、地域が、そして日本が活性化することにつながっていくだろう。

さて、第2章からは、これらの期待を超えるミドルマネジャーが共通して身につけている要素などについて、詳細に見ていこう。

第2章

期待を超えるミドルマネジャーを生むメカニズムと3つの力

CHAPTER 2

1 期待を超えるミドルマネジャーとは何か

読者の皆さんが所属する企業・組織には、どのようなタイプのミドルマネジャーが在籍し、どのように周囲から見られているだろうか。自ら組織の先頭に立つことで成果を上げるミドルマネジャーもいれば、メンバーを前面に立たせ自分はサポート役に徹することで成果を上げるミドルマネジャーもいるだろう。どちらのタイプであっても、期待どおりの成果を上げていれば、いずれも一定の評価をされているはずだ。

こうした、期待どおりの成果を上げるミドルマネジャーは、必要なスキルを備え、メンバーを適切に管理、リードすることにより、組織としての成果を上げている。日本の中・大企業においては、過度に個人の力量に依存せず、組織でカバーし合って安定的に成果を上げる仕組みになっていることが多い。特に年功序列を重んじてきた日本の大企業においては、多くの人が一定の年齢でミドルマネジャーになるため、誰が課長クラスの職についても、一定の成果が出せるよう、組織としての職掌規定や目標設定が設計されている。それゆえ、期待どおりの成果を上げるのは当たり前とみなされることが多く、期待を超え一目置かれるようなミドルマネジャーにはなり難いのだ。

しかし、周囲の期待どおりに成果を上げているミドルマネジャーを想像してほしい。こうしたミドルマネジャーは実は、部下や周囲から慕われてはおらず、目指すべき上司・先輩として尊敬されてはいないケースのほうが多いかもしれない。なぜなら、組織において期待どおり忠実に成果を上げているミドルマネジャーは、言い換えれば、「職責を無難にこなす」ことにとどまっているのだ（これ以降、こうしたミドルマネジャーを本書では「無難にこなすミドルマネジャー」と呼ぶ）。

では、無難にこなすミドルマネジャーと期待を超えるミドルマネジャーとは、何が違うのだろうか。端的に、決定的な違いは、期待どおりの成果を上げるのか、それとも「期待を超える成果を上げる」のか、という点だ。期待を超えるミドルマネジャーは、周りの想定とは違う考え方をし、行動をとり、その結果として想定を超える結果を生み出し、そのプロセス、結果を積み重ねることにより周囲から慕われ、尊敬を集めているのだ。

◆ミドルマネジャーの特性

第1章でも述べたようにいわゆるミドルマネジャーは、上司、部下（メンバー）、同僚、他部署の上位職といった組織内の複数の立場の人間や、取引先や顧客といった、さまざまなス

図表2-1 ミドルマネジャーはしがらみの中にいる

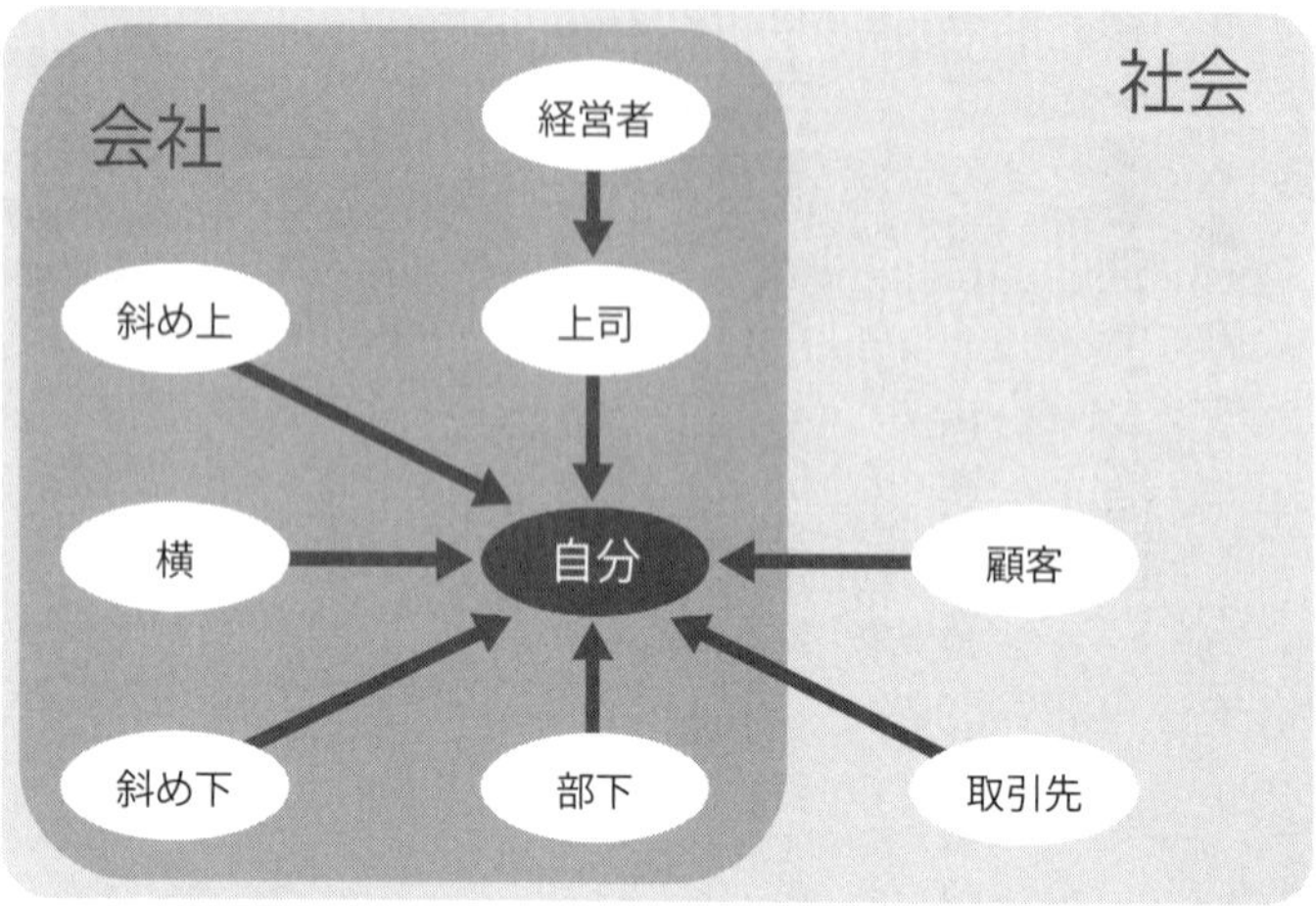

テークホルダーに四方八方を囲まれている（図表2－1）。

　これは、組織のトップである経営者や、メンバーを持たないスタッフにはない、ミドルマネジャーならではの特性といえる。このような状況下において、ミドルマネジャーはメンバーをはじめとした周囲の人々へと働きかけを行い、組織を動かし成果を生み出していかなければならない。しかし、組織を動かそうとしても、**四方八方を囲まれ、上司の要望、顧客の要望、部下の要望、さまざまな声といった「しがらみ」の中にいるため、時に身動きがとりづらく、成果を出しにくい場面が多い**のは、読者の皆さんもよくご存じのことと思う。

　まだミドルマネジャーでない方々も想像し

てみてほしい。部下はA案がベストだと強く信じているものの、上司はB案で進めたいと考えており、2人の間に挟まれているような場面。上司である本部長からC案で進めるように指示が来て進めようとしたところ、他の本部長からはC案では進められない、D案で進めるように、という話を受けるような場面。ミドルマネジャーであれば日常的に経験する場面のはずだ。こうした**異なる考えに囲まれて動きづらい組織のしがらみの中において、どう判断し、行動し、組織を動かしていくのか。これこそがミドルマネジャーが日々直面している課題なのだ。**

自分の意見が通らない、周囲の意見がバラバラでまとまらない、こうした状況においては、自分の意見や考えは何度となく折り曲げられることとなり、モチベーションを高く保ち続けることは困難なように思える。そうした中で、無難にこなすミドルマネジャーは、上司の指示に応えて組織にそれを落とし込み、淡々と遂行し、期待どおりの成果を上げていく。一方で、期待を超えるミドルマネジャーの場合は、こうしたしがらみの中においても、単に上司の指示をこなすだけにとどまらない。常にモチベーション高く働き、周囲との軋轢の中において、むしろ自分自身を必要に応じ変化させながら、周囲へと前向きな変化を生み出し、組織として高い成果を上げ、物事を強力に推進していく。

◆期待を超えるミドルマネジャーの定義

以上の整理を踏まえて、本書では、「期待を超えるミドルマネジャー」を以下のように定義する。

「組織のしがらみ（上下左右にたくさんのステークホルダーを抱え、自由に動き難い状況）の中においても、環境の変化に合わせ自己を変革し続けながら、組織として周囲の期待以上の成果を上げ続ける人」

では、こうした「期待を超えるミドルマネジャー」は、どのような人材なのだろうか。

まず言えることは、期待を超えるミドルマネジャーは、どのような会社や組織においても生まれ得るということである。

「期待を超えるミドルマネジャー」と聞いて、読者の皆さんの組織においても、何人かそのイメージに合う人がいるだろう。逆に、無難にこなすミドルマネジャーも思い当たることと思う。

多くの組織に両方のタイプの人がいるということは、期待を超えるミドルマネジャーを生み出す術は、企業の採用や育成では説明できないということになる。企業が期待を超えるミドルマネジャー候補を大量に採用し、育成して増やそうとしても、全員がそうはなりえず、逆にシステマチックな育成制度などを持っていない企業でも、期待を超えるミドルマネジャーは存在する。ということは、企業の人事制度や組織風土「だけ」では、期待を超えるミドルマネジャーを生み出すことは難しく、逆に言うと、個人レベルの努力と取り組みで、期待を超えるミドルマネジャーになることは可能なのだ。

◆期待を超えるミドルマネジャーの3つの力とその獲得のメカニズム

本書のもとになった調査では、40人以上のミドルマネジャーへのインタビューをもとに検証を実施した。そこで見えてきたことは、彼らは、単に「マネジャーとしてのビジネススキル（＝組織として成果を出す力）」に秀でているというだけではなく、自分自身の仕事に対して、何かしらの「強い想いやこだわりを持っている（＝仕事に対する想いの力）」ということだった。この働くことに対する強い想いこそが、ミドルマネジャーたちを突き動かしているのだ。

そして、彼らはこの想いを、自分の言葉で、熱く語れる人たちでもあった。「語る」ということを通じて、熱い想いが伝播し、周りの人間をも突き動かすような人材だったのだ。その反面で、強い想いを持つがゆえに、組織や上司・周囲の人間の考えとの間に違いが生まれ、多くのギャップを抱いていた。そうしたギャップの中においても、期待を超えるミドルマネジャーたちは、「周囲との考えの違いを乗り越える力」があり、期待を超える成果を上げ続けている。すなわち、期待を超えるミドルマネジャーは、次の3つの力を持っている。

「組織で成果を出す力（スキル）」
「仕事に対する想いの力（ウェイ）」
「周囲との考えの違いを乗り越える力（ギャップ）」

本書では、このスキル、ウェイ、ギャップという3つの重要な力を身につけたタイミングを、力の「獲得」と呼ぶことにするが、力は、一度獲得したら終わりかというと、決してそうではなく、「維持」する努力をしなければ失われてしまうことがある。特に30代〜50代を中心とした層においては、自身の異動や、上長の交代、達成すべきゴールが変更になるなど、さまざまな環境変化が常に起こる結果、別の種類のスキルや周囲とのギャップを埋める能力などが必要になることはしばしばあるためだ。

また、家族や友人・知人等、仕事だけでなくプライベートにおける環境変化も精神面や肉体面に影響を与えるため、獲得したものが失われる可能性も常にある。調査の中でインタビューしたミドルマネジャーの中にも、何度となくそのような経験をした人がいた。そうした場合に

図表2-2　期待を超えるミドルマネジャーになるメカニズム

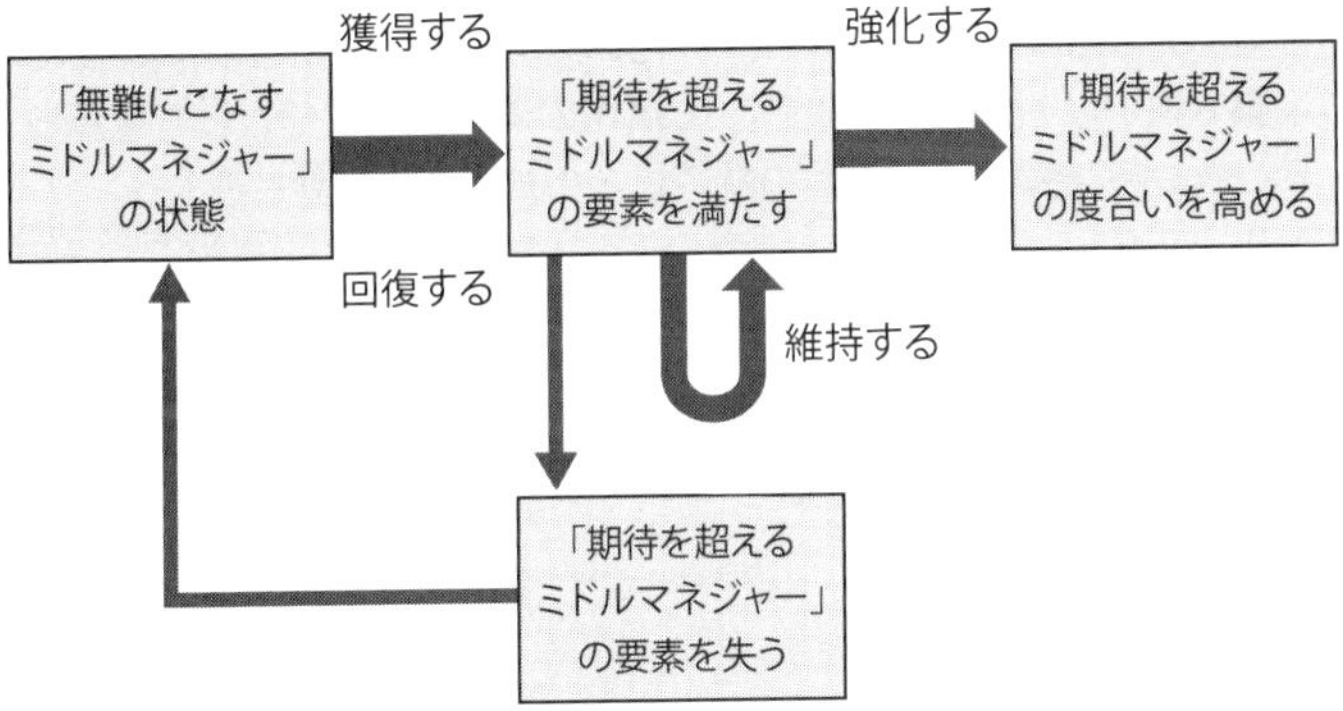

は、3つの力を「回復」するためのメカニズムを自分の中で働かせ、また期待を超えるミドルマネジャーへと戻ることが必要かつ重要となる。

さらに、調査から、ミドルマネジャーとしてより一層輝くために、3つの力を「強化」することもできることがわかった。「強化」により、力を失いにくくなるだけでなく、さらに大きな成果を上げる、よりレベルの高い期待を超えるミドルマネジャーになることが可能になる。

このように、期待を超えるミドルマネジャーとしての**力を「獲得」した後には、「維持」「回復」「強化」の3つのメカニズムを働かせることも必要**となる（図表2－2）。この点については、第4章で事例を交えながら具体的に説明していく。

では期待を超えるミドルマネジャーが持つ3つの力について詳細に見ていこう（図表2－3）。

図表2-3 期待を超えるミドルマネジャーが持つ3つの力

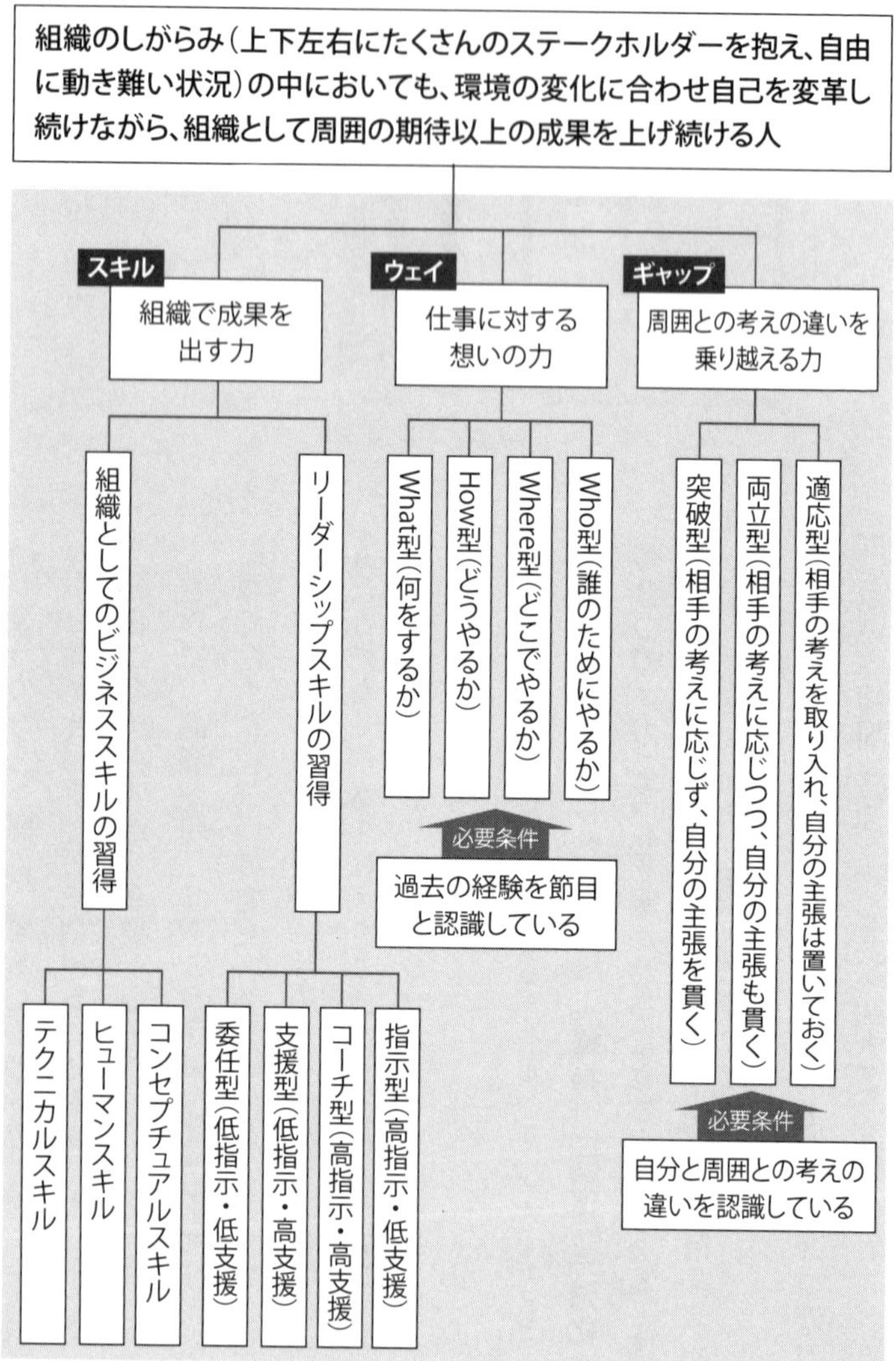

2 スキル（組織で成果を出す力）

1つ目は、「組織で成果を出す力（スキル）」だ。組織や上司の期待どおりに、成果を上げることができる、つまり「無難にこなすミドルマネジャー」としての力を備えている段階ということになる。ここで着目すべきは、「組織で」という点である。本書ではミドルマネジャーはさまざまなステークホルダーとのしがらみの中に置かれている状況を設定しているため、個人として業務を遂行するスキルが高いというだけでは十分ではない。**あくまで組織として、成果を出す**ことを重視している。

そのためには、当然ながら、自組織のミッションの遂行に必要な知識やノウハウを習得していることが欠かせない。そのうえで、組織のメンバーを効果的に動かすことのできる、いわゆるリーダーシップスキルが求められる。このリーダーシップスキルによって、組織としての力を最大化させるのだ。

◆基本編：基礎的なビジネススキルの習得

まず、大前提となるのはビジネススキルである。

組織として成果を上げるためのビジネススキルは、大きく3つに分けられる。**テクニカルスキル（専門的能力）**、**ヒューマンスキル（対人関係能力）**、**コンセプチュアルスキル（概念化能力）の3つ**である（図表2－4）。

この理論を作ったロバート・カッツは、スタッフレベルの層においてはテクニカルスキルが中心となり、トップに近付くにつれコンセプチュアルスキルの比重が高くなっていくとしている。また、ミドルマネジャーは、この3つをバランスよく持つことが必要とされている。

図表2-4 ロバート・カッツ モデル（マネジャーに求められるスキル）

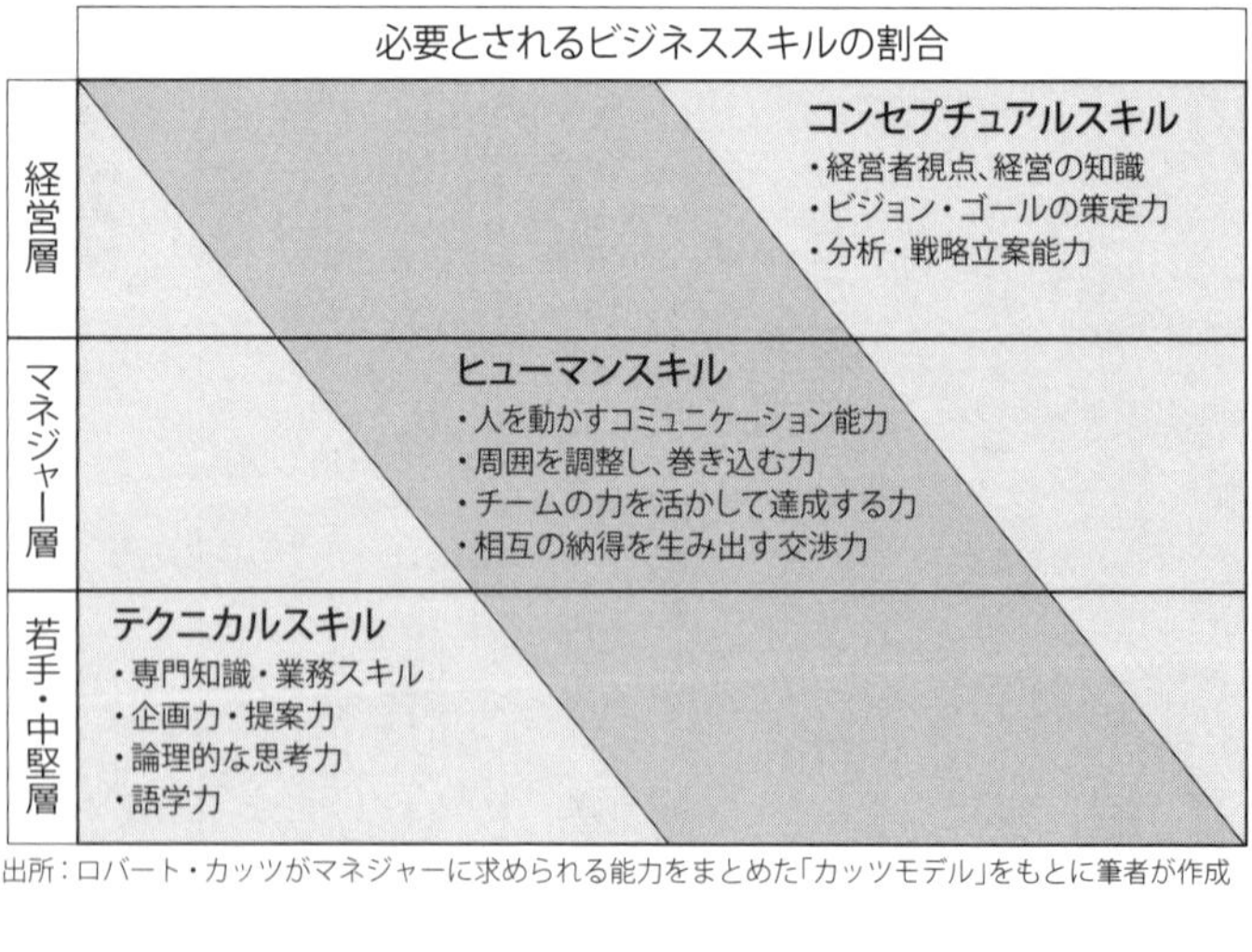

出所：ロバート・カッツがマネジャーに求められる能力をまとめた「カッツモデル」をもとに筆者が作成

まずは、期待どおりの成果を上げるためにも、「その道で必要とされる」スキルは高いレベルで習得しなければならない。期待以上の成果を上げるミドルマネジャーは、例外なく、自分の強みといえるレベルで必要なスキルを獲得していることが窺える（この場合のスキルは必ずしも体系的、包括的なものではなく、その場、その場の仕事を高いレベルで行うための、限定的なものである場合も多い）。

◆基礎的なビジネススキルを習得したミドルマネジャーの事例

大前提となるビジネススキルを獲得することの重要性は、次のようなインタビューコメントから明らかである。

- 教育関連企業の部門長は、「前職であるシンクタンクにおいて、入社1～4年目の頃に、とにかく徹底してレポートや論文を書き、文章を書く力を身につけていた。若いうちに誰にも負けないレベルにまで書くスキルを高めた結果、その後のキャリアにおいて欠かせないスキルとなり、ミドルマネジャーとなった今も重要な能力の1つとして活用している」と語る。
- 外資系ＩＴ企業に勤める営業部長は、「自分の強みはロジカルシンキング、コミュニケーションスキル、戦略構築力の3つ。これさえあれば結果は出せる」と言う。自分の強みとなるスキルを特定し、徹底して磨き続けた結果、期待を超える成果を上げ、若手筆頭として30代で部長職に就いている。

- 内資系の企業に勤める営業部長は、「最初に勤務した旅行代理店で数字を積み上げるためにやれることのすべてを実践し続け、それこそ、数字のためなら、夜討ち朝駆けまでやった。そのとき学んだことが自分の今をつくっている」と語る。
- サービス業のマーケティング課長は、「経営企画にいたときに徹底的に文書力を鍛えられました。役員会に提案する審議を一発で通すために、根拠を集めていかにロジックを組むか、それがシンプルかつインパクトを持って伝わるようにどう書面へ落とし込むか、追求しました。そのときに培ったスキルが今のマーケティングでも生きています」と話す。
- 外資系の機械メーカーのミドルマネジャーは、営業から畑違いの技術部門の部長職に異動した際の苦労についてこのように語っていた。「技術の知識では明らかに部下より劣っていた。そこで、当時の技術職が誰も持っていない取得困難な資格に挑戦し、部員全員の前で取得すると宣言して自分を追い込んだ。周りは無理だと言っていたが、何とか合格することができた。この経験は、スキルを得たというだけでなく、周りの見る目が変わって明らかに仕事がしやすくなったことが大きかった」。

◆応用編：組織としてのビジネススキルの習得

個人としての能力獲得の重要性の次に強調すべきなのは、組織として成果を上げるために、ミドルマネジャー個人としてすべての能力を持ち合わせている必要はない（そもそも、そのようなことは不可能である）ということだ。先の事例で最後に紹介した畑違いの技術部門の部長職に就いたミドルマネジャーは、次のように話す。

「技術の専門性は私にはなかった。それでも、その専門性を自分自身がすべて身につける必要はないと考えています。私ができなくても、そこに強みを持つメンバーがチームにいるから、組織としての力は問題なく発揮できます」。

そして、このミドルマネジャーは現に、技術の専門性が求められることは部下に任せて、自分自身は上や斜め上の上司とのコミュニケーションに専念し、成果を上げていた。

また、ある製造業のミドルマネジャーは、こう語る。

「仕事の基本はチーム。全員四番バッターを配置してもよい仕事はできないと思っています。団体スポーツと同じように、個々の能力の組み合わせが何よりも大切だと思っています」。

こうした例からもわかるとおり、一人ひとりの強みによって互いに補い合いながら、チームの総合力として必要なビジネススキルを押さえることが必要なのだ。つまり、ミドルマネジャーも人によって、「ヒューマンスキルを強みとして周りを動かしながら、テクニカルスキルはそこに長《た》けた部下に任せる」というタイプもいれば、逆に「圧倒的なテクニカルスキルを軸にしつつ、ヒューマンスキルは上司や部下に頼って進めていく」というタイプもいる。「自分は完璧な存在ではない」ということを、前向きに捉え、積極的に組織で補っているのである。

そして、その時々に必要なビジネススキルを押さえるためには、**組織のメンバー一人ひとりの強みや弱みを認識し、その組織において自分がどういう点に集中すべきか、どういった役割を担うべきなのかを、正しく認識することが必要となる。**

◆組織としてのビジネススキルを習得したミドルマネジャーの事例

組織として成果を上げるためのスキルの重要性については、インタビューからは次のようなコメントが寄せられている。

・外食企業のマーケティング部長は、担当する業務に必要なスキルが仮に8つあるとした場合、自分の強みは2つあればいいと考えていた。ただし、「その2つは他の誰にも負けないくらいに強くないといけない」。残りの6つは、平均的なスキルがあれば十分で、「部下など周りの人に埋めてもらえばいい」と認識していた。そして彼は、弱みは周りに補ってもらいながら、自分の強みとするビジネススキルを武器に、これまでにないスピードで成果を上げ続けた。

- 日本の大手メーカーのミドルマネジャーは、ビジネススキルを網羅的に押さえた万能性を強みとすべく幅広いキャリアを歩んできた。しかし、より包括的にビジネススキルを獲得するために、MBA取得を決意し経営大学院に通学した。ここで得た幅広い知識により、「誰とどの分野でもコミュニケーションをとることができる」ことがミドルマネジャーとしての自分の強みであると認識し、そこに注力し、成果を上げている。
- ホテル・ブライダル業界のマーケティングマネジャーは、「自分だけのパワーでは大きなインパクトを会社に残す仕事はできないもの。数字系は苦手だし、書類をきれいにまとめることも苦手。そこはできる参謀役や補ってくれるメンバーに『助けてよ』と言ってお願いすればいい」。自身の弱みは組織として補いながら、自身では強みである「コミュニケーション力や交渉力を活かして、前線に積極的に出て周囲を巻き込んで仕事を進めている。

◆リーダーシップスタイルの４つのタイプ
――「指示型」「コーチ型」「支援型」「委任型」

次に、期待を超えるミドルマネジャーが共通して持つ特徴的なリーダーシップスキルについて見ていく。

図表2-5 リーダーシップスタイルの4つのタイプ

	低指示	高指示
高支援	**支援型** 部下の意見・能力を尊重し、達成を支援する →部下の能力レベルが中~高で、意欲が不安定な場合	**コーチ型** 指示を与えつつ、部下の意見も取り入れて進める →部下の能力レベルが低~中で、意欲が低い場合
低支援	**委任型** 部下に自由度高く、権限・行動を委任する →部下の能力レベルが高く、意欲も高い場合	**指示型** 具体的に指示・監督し、部下の行動を統制する →部下の能力レベルが低く、意欲が高い場合

出所：ハーシー&ブランチャードのSL理論をもとに筆者が作成

組織やチーム全体として持つビジネススキルを最大限発揮するためには、メンバーを動かすためのリーダーシップスキルが欠かせない。40人を超えるミドルマネジャーへのインタビューから、彼らが発揮しているリーダーシップスタイルは、ポール・ハーシーとケン・ブランチャードが提唱したシチュエーショナル・リーダーシップ理論（以下、SL理論）の4つのタイプに分けて整理することができた。4つとは、**指示型、コーチ型、支援型、委任型**であり、業務指示の必要性とそれを支援するコミュニケーションの必要性の2つの要素から整理されている。これを「メンバーの成熟度に応じて使い分ける」というのが、SL理論の考え方である（図表2－5）。

今回インタビューしたミドルマネジャーたちも、部下の状況に応じて自身のリーダーシップスタイルを使い分ける必要があることは誰もが認識していた。しかしながら、必ずしも4タイプをバランスよく使い分けているわけではなく、4タイプの中に、**自分自身がこだわる、またはこれが正しいと信じる「型」を持っている場合が多かった。**器用に使い分けるというよりも、愚直に自分のスタイルを貫いているともいえる。次に、それぞれのタイプの特徴的な例を紹介する。

「指示型」

「指示型」とは、かなり具体的な指示を出すことによって、メンバーを率いるスタイルである。あるミドルマネジャーは、「自分はＩＴ業界にいる。今はどんな状況においてもスピードが最も大切なので、指示型にならざるをえない。いろいろな軋轢がある場合もあるが、今の自分には他の選択肢はない」と語る。「指示型」を自分のスタイルとして用いることにより、組織としての成果を生み出しているようだ。

「コーチ型」

その一方で、「指示型だと人が育たない。部下に対しては『なぜ？』という質問をあえて投げかけることで気づきを与え成長させることこそが重要だ。答えは決まっていて、そちらに向かってナビゲートしているだけなんだけどね」と語るミドルマネジャーもいた。このように方向性は提示しつつ、部下の意見もうまく取り入れながら進めていくスタイルを「コーチ型」という。「指示型」のミドルマネジャーとの考え方の違いから、個々人が持論を持ち、得意の「型」によってリーダーシップを発揮していることが窺える。

「支援型」

またあるミドルマネジャーは、「部下のレベルにもよる」と前置きをしたうえで、「本人がやりたいことをやれるように環境をつくり、支援することがミドルマネジャーとしての自分の仕事だ」と言う。このミドルマネジャーの場合は、「支援型」を自分の強みのスタイルとし、部下が目標を達成できるよう支援することを通じて、組織としての成果を上げていた。

「委任型」

「部下とはゴール設定して合意できれば、やり方は本人に任せて口は挟まないようにしています。部下のほうが担当業務については詳しいのだから、自分が余計なことを言うよりも、彼らが考えて動いたほうがいい結果につながるはずです」というミドルマネジャーもいた。ゴール設定だけして、あとは任せるというスタイルは、まさに「委任型」のリーダーシップスタイルの典型的なケースといえよう。

これらからわかるように、任せるタイプのミドルマネジャーもいれば、育てることを重視していたり、スピードを重視していたりと、その方法は人それぞれであった。このように、期待を超えるミドルマネジャーたちは、強みの「型」によって強力に組織をリードしていた。ただし、1つの「型」だけでは通じない局面もあるため、**自分の中心的な「型」を持ちつつも、他の「型」も持つことにより、どのような状況においてもリーダーシップを発揮することで組織の力を最大化し、期待以上の成果を上げ続けているのである。**

◆リーダーシップスキルを獲得しているミドルマネジャーの事例

リーダーシップスタイルの4つのタイプについては、インタビューでは次のような声があった。

指示型

・新興のIT系企業で働くミドルマネジャーは、部下へのコミュニケーションを非常に重視していた。いわく「論理的に考え抜いた施策を、相手の腹に落ちるまでコミュニケーションして伝えれば確実に成果が出せる。どうしたらメンバーが深く理解するか、相手によって言い方を変えている、それを常に考えています」。このミドルマネジャーは、個々に対して言い方は変えているものの、施策の内容については、あくまで指示型を徹底している。スピードの速いＩＴ企業だからこそ、指示型により実行のスピードを重視していた。

コーチ型

・外資系メーカーのある部長は、「部下に対しては基本的に叱りません。質問をして気づかせることが自分の仕事です」とミドルマネジャーとしての仕事を認識していた。彼は、そう言いながらも、「基本的には自分が答えを持っていて、質問しながらそちらにナビゲートしています」とも言う。彼は、コーチ型として部下の意見を引き出しながらも、ある程度方向性は指示的に動かしている例といえよう。

支援型

・航空会社で働くミドルマネジャーは、「グループ会社に出向していた当時、管理職ポストに就くのは本社からの出向者に限られていました。しかし、グループ会社の将来を考えて育成に取り組んだ結果、プロパー社員から管理職に昇進させることができました」と言い、チームメンバーの育成を重視していた。彼のスタイルは、部下がやりたいと思うことを支援することにより育成をしており、支援型のリーダーシップスタイルによって組織を強化し、成果につなげていた。

委任型

・教育ビジネスの人事を担当するミドルマネジャーは、「自分は、トップの伝道師として、トップの考えを部下へと伝える役目を果たさなければなりません」と言う。彼は、トップの考え方や大枠の方針を伝えることは重視しつつも、具体的なアクションは部下に任せるという委任型を強みのスタイルとしながら、成果を上げている。

3 ウェイ（仕事に対する想いの力）

期待を超えるミドルマネジャーのベースとなる力の2つ目は、「仕事に対する想いの力（ウェイ）」である。この力を持つことができるかどうかが、「無難にこなすミドルマネジャー」から「期待を超えるミドルマネジャー」へと飛躍するための大きな鍵となる。組織や上司の期待どおりの成果を生み出すだけであれば、仕事に対する強いこだわりや想いは、ある意味で不要である。なぜなら、課題を提示され、それに対し指示どおりに実行していれば、着実に期待には応えられるからだ。しかし、期待を超える成果を生み出すには、指示をこなすだけでは足りない。自ら課題を設定し、「こうしたい」、「こうなりたい」、「こうあるべきだ」という強い想いを持つからこそ、周囲の期待を超えた成果を生み出すことができるのである。

この「仕事に対する想いの力（ウェイ）」は、生まれつき持つものではなく、**「節目となる過去の経験」を通じて自覚していくケースが多い。**過去の経験を、自身にとって節目となる経験だと自己認識し、その節目の経験の意味を自分なりに解釈することで、自分なりの「想い」が徐々に形成されていくのである。働くことに対する「想い」を抱くことによって、指示を無難にこなすだけではなく、「自分はこうしたい」という強いウェイを持つようになり、それが大きな力となるのである。

◆ウェイの4つのタイプ
――「What型」「How型」「Where型」「Who型」

「仕事に対する想いの力（ウェイ）」にどういうものがあるのかを見ていこう。「想い」というのは、働く動機や目的という言葉に近い。言い換えれば、「このためであれば頑張れる」と自己認識できるものが明確であれば、「想い」を持って仕事に取り組んでいるといえよう。

ここで強調しておきたい点は、**期待以上の成果を生み出すほどの強い「想い」**が必要だという点である。読者の皆さんも、「とりあえずお金がほしいから」、「社会人として働くのは当たり前だ」、「家族のために稼がないとならないので」等々、さまざまな声を聞くことがあると思うが、外的な動機ではない、期待を超えるミドルマネジャーに共通した「想い」は、**「自分の言葉で他人に語れる」**ということである。決して、本で読んだ言葉をそのまま話すでもなく、あるべき論を語るわけでもない。「私はこのために働いていると心から確信している」、「私はこのためだったらどんな困難だって乗り越えられる」と、自分の言葉を明確に持っている。そして、部門での会議や飲み会等の場で、ことあるごとにメンバーに対して熱く語ってしまうほどに、持論として自分の言葉を持っているのである。

そうした期待を超えるミドルマネジャーたちの「想い」は、4つのタイプに類型化することができた。それは、**「What型（何をするか）」、「How型（どうやってやるか）」、「Where型（どこでやるか）」、「Who型（誰のためにやるか）」の4タイプである**（図表2－6）。

「What型」

What型から見ていこう。**「何をするか」に着目**をしているミドルマネジャーたちは、仕事の中身そのものに対して強い想いを抱いている。外資系の外食企業で働くマーケティングマネジャーは、「自分はマーケティングという仕事が好きです。どういう製品をつくり、いくらで売り、どう広告宣伝して消費者に届けるか。こうしたことを必死に毎日考えて、売上という結果で返ってきます。こんなにやりがいのある仕事はありません」と言う。「何をするか」を動機として働いているこのタイプのミドルマネジャーは、会社への帰属意識よりも、得意領域への専門性を重視し、転職をしながらキャリアアップしている人材が多いのも特徴的な点であった。

図表2-6 ウェイの4つのタイプ

タイプ	説明
What型	何をするか
How型	どうやってやるか
Where型	どこでやるか
Who型	誰のためにやるか ①自分のため ②同僚・仲間のため ③お客様のため ④社会のため

「How型」

次は、**「How型（どうやってやるか）」**である。例えば、航空会社で働くミドルマネジャーは、「ミドルは社内調整が大変だが、社内をうまく調整して仕事を動かしていくのが楽しいです」と言う。彼は、「何をするか」ということへの意識よりも、やると決まったことを「どのようにやるか」ということを働く動機として捉え、想いを抱いていた。こうしたHow型のミドルマネジャーは、結果を求めるよりも、結果に至るためのプロセスを重視し、やりがいを感じている。一概には言えないが、Whatを自ら決定しにくい日系の大企業に所属しているミドルマネジャーの中に、プロセスを重視するHow型が多い傾向が見られた。

「Where型」

「Where型（どこでやるか）」が3つ目の型である。自分が所属する「会社」への誇りを抱き、その会社で働き、その会社に貢献することこそが、自分の働く動機であると、自己認識しているミドルマネジャーたちがいる。財閥系の機械メーカーに勤めるミドルマネジャーは、「この会社の日本社会に与える影響はきわめて大きい。この影響力の大きさは、大企業でないと味わえません。この会社に尽くすことが、社会の発展につながると信じて、この会社のために働きます」と言う。大切なのは、期待を超えるミドルマネジャーは、会社に依存しているというわけでは決してないということだ。あくまで、主体性を持ち、よりよい会社にしたいという強い「想い」を抱いて、自ら組織へと積極的に働きかけをしているのである。

「Who型」

4つ目は、**「Who型（誰のためにやるか）」**である。ここでいう「誰」の幅は広く、さまざまなタイプが見られた。具体的には「自分のため」、「同僚・仲間のため」、「お客様のため」、「社会のため」という4つである。どのタイプであっても、期待を超えるミドルマネジャーとして強い「想い」を抱いて働いており、どれかが優れているという話ではない。自分自身に意識が向いているタイプもいれば、手の届く範囲の仲間が大事なタイプの人もいる。そして、その先の顧客だったり、さらに先の社会だったりに意識が向いている人もいた。

いずれの場合であっても、「誰か」に尽くしたことが、最終的には会社がよりよくなることへとつながることは誰もが認識していた。決して、独りよがりな思い込みではなく、その先に会社の利益があるということは意識しているのだ。それぞれ、インタビューで聞くことができた特徴的なコメントを見ていこう。

- 自分のため……「自分の成長が何より大事だと思っています。自分が成長して成果を出せば、会社も潤うから。そうすることで日本の市場だって盛り上がると思っています」（サービス業マーケティングマネジャー）

・同僚・仲間のため……「すべての患者が適切な医療を受けるために、ここで働いている人たちがイキイキして誇りを持てるようにしたいです」（総合病院人事部長）

・お客様のため……「お客様の声を忠実に理解して、きちっとすれば結果が出ます。お客様のためにやることが、まわりまわって会社のために絶対になっているはずです」（IT企業営業部長）

・社会のため……「自分が働き活躍することで、企業が利益を上げることにつながり、企業の社会貢献や経済活動によって、社会に還元されると考えています」（IT企業人事部長）

以上が、「仕事に対する想いの力（ウェイ）」の4つのタイプである。これらは、どれか1つではなく、複数持っているミドルマネジャーも多く見受けられた。**複数持つことで、状況に応じて自らの動機を切り替え、想定外のことが起きた際にも、「想い」を抱き続けることができる。**例えば、「Where型（どこでやるか）」のミドルマネジャーが、「その会社が倒産した」という想定外の危機に直面した場合、Where型しか持ち合わせていないと、立ち直りに長い時間を要すると考えられる。しかし同時に「What型（何をするか）」を持ち合わせていた場合、例えば「マーケティングをしたい」という想いを抱いていればWhereを失ったとしても、マーケティングという「What」で次の職場を見つけ、また前に進むことができるのだ。

◆ウェイを獲得するために必要なこと

「仕事に対する想いの力（ウェイ）」を獲得するために必要なこと、それは「節目となる過去の経験」である。ここでいう経験とは、価値観を形成する元となるような原体験や、自身の限界を超えるような成功体験・失敗体験を指す。つまり、「あのときのあの経験が今の自分に影響を与えている」と感じられるだけの、自分にとって強烈で意義深い経験である。こうした節目となる経験と、仕事に対する想いとがストーリーとなって重なり合ったときに、自身の中で「想いの力」となるのである。

過去の強烈な経験がなくても、「想い」を抱くことは可能かもしれない。しかし、過去の経験を節目として認識していないと、自覚した強い「想い」にまでは昇華されず、期待を超える成果を上げるための「力」として機能しない場合が多いことがインタビューから見えてきた。

例えば、「金銭を稼ぐこと」を働く目的として捉えている人がいるとしよう。金銭は生きるうえで必要であり、この目的自体は否定されるべきものではない。ただし、これだけでは「想いの力」にはなりえない。「想いの力」とは、組織や上司の指示を無難にこなすのではなく、それを超えて自分がこうしたいという「想い」がベースになっている。仮に「金銭を稼ぐこと」が働く目的だとすると、上司の指示を無難にこなし評価を受けることのほうが、効率的に金銭を稼ぐことにつながり、目的を果たせることとなってしまう。

「想いの力」を獲得したミドルマネジャーは、単に働く動機や目的があるというだけでなく、過去の経験を節目として認識し、その強烈な経験を元に、心の底から自然と湧き上がる強い想いを自分の言葉でストーリーとして語るのである。

節目となる経験の種類は、幼少期の原体験から、職場における経験まで、時間軸の幅は広い。また、成功体験もあれば失敗体験もあり、本人にとって価値観が揺るがされるような強烈な経験にこそ意味がある。自分にとって大きな意味を持つ成功・失敗を経験するためには、挑戦的な環境に自ら進んで身を置くことが欠かせない。そして、その経験から逃げることなく向き合い、これこそが自分にとっての節目だと後から自己認識することが必要となる。

ここで一点、付言しておきたいのは、「想い」を失ってしまうケースについてである。無難にこなすミドルマネジャーの中には、「以前は強い想いを持っていたのに、今は上司に迎合してばかり」という人がいる。彼らはどうして「想い」を失ってしまったのか。強い想いを抱くと、周囲との考えに違いが生じた際、何とかして自分の「想い」を実現しようと周囲に働きかけることになる。しかし、周囲からの抵抗に遭い、多くの苦労をするものの、結果として実現できないという経験をする。こうした中で、自分の無力さや徒労を感じてしまい、自分の「想い」を実現することを徐々にあきらめ、迎合するようになっていくのである。

周囲との間に生じた考え方の違いを乗り越える方法については、次の項「4．ギャップ」のパートで扱うが、ここではあきらめずに「想い」を抱き続けるミドルマネジャーの特徴として、「譲れないこだわり」を抱いている点を挙げたい。表層的な動機だけでは、いつか周囲の抵抗に負けてあきらめてしまう。そして一度あきらめると、そのほうが楽なためにに戻ることができない。しかし、何かの節目に動機や目的の根っこにある自分ならではの「原体験」を自己認識することで、簡単にはあきらめることのできない、その人なりの「譲れないこだわり」が生じる。この**「譲れないこだわり」を抱いているミドルマネジャーは、壁にぶつかっても折れることのない「強い想い」を自身の中に確立しているの**である。

◆ウェイを獲得しているミドルマネジャーの事例

こうした過去の節目の経験が、「仕事に対する想いの力（ウェイ）」を形成しているというストーリーを、期待を超えるミドルマネジャーたちは熱い言葉で語っていた。彼らのインタビューでの発言は次のとおりである。

What型

・飲食系のサービス業に勤めるミドルマネジャーは、「良質なサービスを通じて世の中を豊かにしたい。だから自分は、サービス業に携わり、世の中のサービスの質を高めていきたい」と語る。彼は、「良質なサービスを提供する」ことが、自分が働く意義なのだと、強い想いを抱いていた。彼は幼いころに両親を亡くし、育ててくれた祖父母が飲食店を経営していた。「祖母は礼儀に対して厳しい人でした。だからこそ、質の低いサービスを経験すると自分の中で憤りを感じます。それに気づいたときに、自分はサービス業のために働こうと決意しました」と言い、幼少期の原体験と、働く意義とをつなぎ合わせていた。

How型

・財閥系の大手機械メーカーに勤務するミドルマネジャーは、自分の仕事をいかにしてスムーズに進めるかということに、仕事のやりがいを感じていた。彼はこのように語る。「自分の提案が経営会議に通ったときが一番嬉しいです。事前の下交渉で、どの順番で誰から話してスムーズに進めていくかということばかり考えています。後で敵になると面倒だから、事前に一人ずつ調整しておくことはまったく苦になりません」。彼がこのように考えるに至った要因として、過去に節目となる失敗経験があった。関西の現場から本社へと異動した際、〝工場の人間〟から急に〝本社の人間〟として工場と接したところ、ケンカになってしまったのだ。「敵を1人つくったら、敵が敵を増やして誰も協力してくれなくなりました。それ以来、敵はつくらないようにしています。上司も敵にまわしません」と彼は言う。こうした経験を経て、彼は現在、「いかにスムーズに進めるか」にイキイキと取り組み、期待を超える成果を上げているのである。

Where型

- 外資系の建築機械メーカーで働く営業部長は、とにかく会社が好きで、「会社のために働きたい」と語る。彼は、中・高・大学と陸上の長距離走という個人競技に打ち込み、その結果「自分のことしか考えてこなかった」と言う。その強靭な精神力で、一社目となるゼネコンでは営業トップの成績を上げていた。そこから建築機械メーカーへと転職した際に、本国本社の創業家の話を直接聞く機会があり、会社が大きな社会貢献に取り組んでいることを知った。彼は、ここで衝撃を受け、「世のため、社会のためになっているこの会社はすばらしい」と感服したのである。これが原体験となり、「会社のために働く」と彼は決めていた。「自分は会社が好きだし、皆が働きやすい環境をつくりたい。それができる会社だから、理不尽な異動も経験したが、それでも辞めようとは思いません」と言う。

Who型

•電力会社に勤めるミドルマネジャーは、東日本大震災時の強烈な原体験により今の自身の根底がつくり上げられていた。「震災後の電気復旧時に、周囲の家からの歓声を聞き、お客様の生の反応を目の当たりにしました。このときに初めて、電力会社の存在意義と事業のすばらしさを感じ、自社の社会的意義をもっと高めたいと改めて思いました」と言う。この原体験という節目から、「お客様のため」という仕事への強い想いを彼は手に入れた。そして、「仕事で大事にしているのは、お客様に対して理に叶った仕事をするということ」と語る。旧態依然とした体質を抱える電力会社にいながらも、「お客様のため」という自身の想いを貫く姿勢を持っている。

•機械メーカーで働く技術系の課長は、「とにかく一緒に頑張っている仲間を裏切ることだけは絶対にできません。ヘッドハントを受けたことも何度もありますが、心が揺らいだことは一度もありません。私も若いころ先輩に育ててもらってここまできました。たくさん大変なことも経験しましたが、仲間、仲間、仲間が大事ですよ」と語る。共に働く仲間への熱い想いが、彼が期待を超え続ける原動力となっている。

4 ギャップ（周囲との考えの違いを乗り越える力）

期待を超えるマネジャーの3つ目の力は、「周囲との考えの違いを乗り越える力（ギャップ）」である。先述のとおり、「期待を超えるミドルマネジャー」となるためには、仕事に対する想いの力（ウェイ）が必要となる。しかし、この「想い」を抱き始めると、自身の考えが明確かつ確固たるものとなるため、周囲の考えとの間に違いが生じてくる。どんなに強い想いを抱いたところで、それを実行し成果へとつなげなければ意味はない。そして中・大企業においては、1人で実行できることはなく、周囲を巻き込んで動かすことが欠かせない。こうした環境下において、ミドルマネジャーは、周囲との考えの違いを乗り越えることができて初めて、期待を超えるそして成果を上げ続けるミドルマネジャーとなることができるのである。

この3つ目の**「周囲との考えの違いを乗り越える力（ギャップ）」こそが、中・大企業のミドルマネジャーに最も求められる力だといえよう。**経営者であれば、自身の想いや考えによって自ら意思決定を行い、組織を前進させることが可能だ。しかし、部長・課長クラスのミドルマネジャーたちは、上司、部下、他部門、顧客など、ニーズの異なるさまざまなステークホルダーに囲まれている。その中で、考えの違いを乗り越えて想いを実行し成果につなげられることこそが、ミドルマネジャーに求められるきわめて重要な力なのである。

この力を得るためには、前提として「自分と周囲との考えの違いを認識する」ことが必要となる。取り組むべき業務上の課題に対し、自分自身の考え方やスタンスを明確に自己認識したうえで、周囲とはどう考え方が異なっているのかを正しく見極めるということだ。**「違い」を正しく認識したうえで、「違いに対する解決手法」を持つことにより、「違い」を乗り越えて、成果へとつなげているのである。**

◆ギャップの6つのタイプ――考えの違いを乗り越える方法

これまで見てきたとおり、「仕事に対する想いの力（ウェイ）」を持つミドルマネジャーは自分と周囲との意見の違いの中に置かれることとなる。そして、この「周囲との考えの違いを乗り越える力（ギャップ）」を獲得して初めて、期待を超えるミドルマネジャーとなることができる。この周囲との意見の違いにどう対応するかは、6つのタイプに分けることができた。

まず、違いへの対応方法の一般的な枠組みとしては、自身の主張を「持つ」か、「持たない」

図表2-7 ギャップに対応する6つのタイプ

	非協力的	協力的
自分の主張にこだわる	**突破型** （相手の考えに応じず、自分の主張を貫く） 観察例：自分の主張を押し通し、周囲を巻き込みながら達成する。	**両立型** （相手の考えに応じつつ、自分の主張も貫く） 観察例：自分の主張はうまく維持しながら、周囲の考えも同時におさえて前進させる。
主張を変えられる	**批評型** （相手の考えを否定し、逆の主張をする） 観察例：自分が正しいかのように周りを批判しているが、持論がなく単なる批評家。	**適応型** （相手の考えを取り入れ、主張は置いておく） 観察例：周囲の考えを優先して前進させ、自分の主張は捨てずに置いておく。
主張がない	**逃避型** （仕事自体を避ける） 観察例：面倒な仕事が降ってこないようにできるだけ避けて隠れながらやり過ごしている。	**受動型** （指示されればこなす） 観察例：言われた仕事はしっかりこなせるが、自分の意思はなく、言われたとおりやるだけ。

出所：Thomas-Kilmann Conflict Mode Instrument（TKI®）をもとに筆者が加筆・修正。
https://www.cpp.com/products/tki/index.aspx

か、周囲に対して「協力的」か「非協力的」かを掛け合わせたマトリックスで、4つのタイプが考えられる。これは、コンフリクトに対する対処方法のマトリックスである。これに加え、ミドルマネジャーらしい特徴として、主張を「持つ」の中にも、主張に「こだわる」か、「変えられる」かの2種類の対応方法があり、結果として、6つのタイプに分類することが可能となる（図表2－7）。

また、周囲に対する態度は、協力的な態度をとっても、非協力的であっても、どちらであっても、期待を超える成果を生み出すことが可能だということもわかった。こうした分析から、違いに対する対応方法には、違いを乗り越えられるミドルマネジャーの3タイプと、違いを乗り越えられないミドルマネジャーの3タイプとに分けられる。当然、前者の3タイプが、期待を超えるミドルマネジャーとなりうる。それぞれ詳細に見ていこう。

◆違いを乗り越えられるミドルマネジャーの3つのタイプ
――「突破型」「両立型」「適応型」

まず、違いを乗り越えることができるミドルマネジャーの**「突破型」「両立型」「適応型」**の**3つ**のタイプについて紹介する。

「突破型」

まず、「突破型」である。自身の主張にこだわりつつ、周囲に対しては非協力的なスタンスをとるのが「突破型」だ。このタイプは、自身の主張を曲げることなく、積極的に周囲に働きかけて説得し、巻き込むことにより賛同者を得ながら、自身の主張を通していく。

例えば、大手総合病院の人事部長を務めるあるミドルマネジャーは、病院という旧態依然とした組織に新たな人事制度を導入するため、粘り強く自身の主張を押し通して実行した。本人によると、「病院だから、何かを変えようとすると抵抗勢力が多くて。そんな中でも、一つひとつ自分の実績を積み、信頼を得ながら、少しずつ認めさせて、何とか自分の提案を通すことができました」という。このように**主張を曲げずに、成果を生み出す**のが「突破型」である。

「両立型」

次は、「両立型」だ。自身の主張にこだわることは「突破型」と変わらないが、周囲に対しては協力的に取り組むのがこの「両立型」である。「両立型」のミドルマネジャーは、**周囲の主張を受け入れながらも、自身の中で譲れない点については何らかの形で実現し、両方とも実現させていく。**

インタビューの中で典型的だったのは、ある出版社の編集長だ。読者に喜んでもらえる雑誌を創ることこそがすべてだと捉え、発行部数が増えれば、利益は後からついてくるという主張を持っていた。しかし、上司からは短期的に利益を上げることを求められていた。彼女は、短期的な利益だけに走るわけでもなければ、利益を度外視するわけでもなかった。利益の出し方を勉強し、最低限の利益を上げる一方で、雑誌の中身は読者に喜ばれることに徹底してこだわり、「両立」させたのだ。

「適応型」

最後は、「適応型」である。周囲に対し協力的な態度をとる点で「両立型」と共通するが、**自身の主張にはこだわらず、柔軟に主張を変えることで対処していく**ミドルマネジャーを指す。彼らは、自分の主張を簡単に変えたり、あきらめたりしているわけではない。自分の案については、「今はまだそのタイミングでないから置いておく」とか、「何かのときのために捨てずに持っておく」といった形で、あくまで自分の主張は持ちながらも、相手の考えを積極的に受け入れて前進することを重視する。

ある大手機械メーカーの課長職のミドルマネジャーは、「上司と意見が対立するとき、無理に押し通そうとはしない。ただ、上司の指示とは別に自分案のバックアップをつくっておいて、手元に持っておいたり、添付資料に忍び込ませておいたりする。そうすると、上司案が通らなかったときに、自分案をサッと出して、通すこともできる」と話す。彼は、周囲の声にうまく適応しながらも、自分の主張を効果的に残すことで成果につなげているのである。

以上が、違いを乗り越えられるミドルマネジャーの3タイプである。この3タイプのどれが正しいとか、どれがよいといったことはない。ただ、組織の規模や文化によって、適した類型がありそうだ。多くの権限と責任をミドルマネジャーが持ち、スピーディーな意思決定が求められるような組織、例えば、ベンチャーのような若い企業や、日本の大手企業でも海外事業や新規事業といった組織においては、「突破型」が有効であり、古い日本の大企業で、足並みを揃えて動き、失点しないことが重んじられる組織においては、「適応型」が評価をされやすい。「両立型」については、雑誌の編集長や、営業部隊のリーダー、外資系企業のミドルマネジャーといった人材に当てはまった。組織からは数字上の結果を求められるが、同時に顧客満足度も大事といった、相反する指標の双方を同時に求められるような組織・業務においては、「両立型」のアプローチが効いているように見受けられる。

これらは**本人の好みの問題だけではなく、組織の文化、周囲の人の特性といった、置かれている環境によって、より適した手法をとることが求められ、人によっては複数のタイプを使いこなしていた。**そうすることで、状況に応じて適切に対応できるようになるため、複数のタイプを身につけることは非常に望ましいといえる。

◆違いを乗り越えられないミドルマネジャーの3つのタイプ
――「逃避型」「受動型」「批評型」

読者の皆さんには、違いを乗り越えられないパターンに陥らないよう留意していただきたいという願いを含めて、以下簡単に触れたい。

「逃避型」は、主張がそもそもなく、周囲に対して非協力的な態度をとるタイプである。「自身の考えを持つことなく、周囲に対して協力もしない」。こうしたミドルマネジャーは、要は仕事を避けているのだ。面倒な仕事が降ってこないよう、周囲に協力的な態度をとらず、隠れてやり過ごそうとしているミドルマネジャーが、周りにいないだろうか。こうしたミドルマネジャーは、組織において周囲のモチベーションを下げる要因となるが、隠れており気づかれずに放置されていることもあるので注意が必要だ。

「受動型」は、主張がない点では「逃避型」と同じだが、周囲に対しては協力的な態度をとる。自分の意思はなく、言われた仕事を確実にこなすという、まさに「無難にこなすミドルマネジャー」の典型的な例である。求められる成果は上げるため、上司によっては重宝され起用されることもあるが、いわゆる指示待ちのため、期待を超えることはない。

「批評型」は、自身の主張を持ちつつ、それを変えていくことができるが、周囲には非協力的なタイプである。彼らは、周囲の主張に対し、それを否定し、逆の主張を展開するのである。批判することで、あたかも自分の意見が正しいかのように主張するが、持論があるわけでもなく、批評家にすぎない。批評するだけなら誰でもできるが、批評により成果を上げることはなく、期待を超えるミドルマネジャーにはなりえない。

◆ギャップを獲得するために必要なこと

先述のとおり、「周囲との考えの違いを乗り越える力（ギャップ）」には、「突破型」「両立型」「適応型」の3つのタイプが存在する。**この力を獲得する前提として必要なことは、「自分と周囲との考えの違いを認識する」ことである。**

この違いを正しく認識するための第一歩は、**自分自身を理解し、自分の考えを明確にすることである。**そのためには、「仕事に対する想いの力（ウェイ）」を自身の中で明確にすることが大前提となる。そのためには、ギャップを獲得するためには、ウェイは欠かせないということだ。そのうえで、「今回取り組む課題はどう解決すべきか？」といった業務上の重要な問いに対し、自分のスタンスを決めるのである。

あるミドルマネジャーはこのように語る。「周囲の考えを聞くのは後。まずは自分の考えを明確にしないと。周囲の考えばかり聞いて回ったところで、どれが正しいかなんてわからないし、いろいろな考えに惑わされるだけで結論なんて出るわけがありません」。あくまで自分自身のスタンスを決めることがスタートだということが、コメントから見てとれる。

自分自身の次は、**周囲の考えを理解することである。**ここでいう「周囲」とは大きく2つある。1つは「周囲の関係者」である上司、部下、同僚、顧客といった**「人」**である。そしてもう1つは、「会社や部門」といった所属する**「組織」**である。前者の「人」との考え方の違いが発生することは当然起こりうる。後者の「組織」については、所属する組織の戦略・戦術や、組織文化といったものが、自身の考え方と異なる局面が出てくるということだ。

　銀行に勤務するあるミドルマネジャーは、「人」との違いが発生する例として次のようなことを語った。「自分は、ミッションを掲げて多くの人を巻き込むべきだと考えています。そうやって組織の多くの知恵とスキルを引き出し、お客様へのサービスを最大化し、より満足していただくべきだと思います。しかし、自分の上司はミッションを掲げようとはせず、細かい指示によって人を動かそうとする。そのほうが効率的で確実に成果が出せると考えているようですが、本当にお客様のためなのだろうか」。このミドルマネジャーは「お客様のため」というウェイを明確に持っているが、「社内の効率」を重視する上司との間に違いを感じていた。

　このように、自分のスタンスと、上司のスタンスが異なるということはミドルマネジャーにはよく起こる。そして、ミドルマネジャー自身も自分のチームを持っているだけに、自分の方針でチームを動かすべきか、上司の方針で行くべきか、という違いの間に挟まれるのである。

　また、外資系企業で経営企画を担当するミドルマネジャーは、「組織」との違いについて、このように語った。「現在自社は、顧客離れとコスト増に苦しみ赤字の状態。経営再建するだけの強力な戦略が欠かせません。自分としては、コスト管理を徹底し、商品の値上げを行いながら、まずは利益が出る体質へと移行させることが先決。利益が出始めてから、投資をして売上成長を図るべきと考えています。しかし、グローバル本社からの方針は、利益を出すよりもまず、離れた顧客を取り戻し、売上を回復させることが先だといわれます。顧客さえ戻れば利益は後からついてくるという彼らの考え方も理解はできますが、自分としてはどうしても納得できないんです」。

ミドルマネジャーは時として、こうした組織全体の方針との違いの中に置かれることもある。この事例は、経営再建におけるアプローチの根本的な考え方の違いだが、ここまで全社的なものでないとしても、例えば営業現場を管理するミドルマネジャーとして、本社の方針と現場の声との違いの間で挟まれるといったケースは皆さんの身近なところにもあるのではないだろうか。

ここで重要となるのは、自分の考えと、周囲の考えとの違いを、冷静に見極めることである。違いを正しく把握することなく、表面的な違いだけを捉えてしまうと、「相手の意見は間違っている」と拙速に戦ってしまったり、「上司がそう言うなら自分は間違っていたのだ」とすぐあきらめてしまったりすることとなる。あくまで、**「自分はこうすべきだと思う」という自分自身のスタンスをまずとったうえで、周囲とはどこがどう違うのかを冷静に見極めるのである。**

このように違いを明確に認識して初めて、３つのタイプを場面に応じて使い分けながら、周囲との違いを乗り越えていけるのである。

◆ギャップを獲得しているミドルマネジャーの事例

ここで、インタビューから、「周囲との考えの違いを乗り越える力（ギャップ）」を獲得しているミドルマネジャーの事例をいくつか紹介しよう。

突破型

- 機械部品メーカーに勤め、海外に駐在するミドルマネジャーは、自身の考えと、組織の方針との違いについて、このように述べた。「海外にいるので、自分の裁量である程度決めることができます。とはいえ、日本の本社の煩わしいルールには困っています。日本は大本営発表みたいなところがあって、日本のやり方を海外でも展開しようとするが、現地にいてそれでは通用しないと感じることは多いです」。そうした中で彼は、「あの手、この手で努力して、現地の考え方に変わるように本社に働きかけます。ダメなら、時には本社の指示も無視します。それが現地での結果につながると信じているからです」と言い、あくまで自身の主張を貫く姿勢を崩していなかった。
- 日本の大手食品メーカーに勤めるミドルマネジャーは、自分の主張を上司が理解してくれないときに乗り越えるための勝ちパターンとして、「上司を営業先に連れていく」ようにしていた。彼によると、「どんなに上司に説明してもわかってくれないことって必ずあります。それは当然のことで、だって見ている世界が違うから。私はクライアントを直接見ているし、上司は違うものを見ている。だから、営業先に連れていって同じものを見て感じれば、たいていのことは納得してもらえる。そうやって、自分がやりたいことを実現すればいいのです」と言う。

両立型

• 外資系ＩＴ企業の営業リーダーを務めるミドルマネジャーは、「お客様の声がすべて。お客様のために働くことが売上と利益につながる」という持論を信じて疑わない。彼は、年度の目標売上達成のため、あるクライアントから５０００万円というその部門にとっては小規模な売上を稼いで来いという指示を上司から受けたことがあった。営業という立場上、売上達成は重要であるが、その売上はクライアントのためになるものとは彼には思えなかった。そこで彼がとった行動は、クライアントと裏でこっそり握ることであった。彼によると、「お客様には後々断ってもらうことを前提に、『上司に説明するために協力してほしい』とお願いして、話が進んでいるふりをしてもらった。そして、クライアント内での検討の結果、見送ることになった、という芝居をお客様に打ってもらった。これで上司の指示には応えたことになるし、クライアントのためにもなるし、結果そのクライアントからは翌年もっと大きな売上を得ることになりました」と言う。

• 外資系機械メーカーで働くあるミドルマネジャーは、組織において自分のやりたいことをやるための持論を持っていた。1つは、10のうち絶対やりたい3つのために、他の7つは周りに合わせるという方法である。優先事項を決め、他は譲ることで、組織や上司を立てつつも自分のやりたいことを実行していた。もう1つは、成功の数を稼ぐことであった。とにかく多くの成功の実績を組織の中で積むことで信頼を得て、自分のやりたいことを通せる数を増やすということだった。

適応型

• あるホテル・ブライダル系サービス業のミドルマネジャーは、このように言う。「決まったことをスピーディーに実行することのほうが大事です。自分の企画が通らなかったとしても、『これは今じゃなかった。温めておいて、時を見て提案しよう』と捉えています。変に固執するよりも実行に集中したほうが成果も上がります。別に自分の意見を捨てたわけじゃないんです」。彼は、上司や経営トップの声に適応しながら着実に成果を上げていた。同時に、ただ指示どおり実行するだけではなく、自分の意見は常に温めておき、タイミングを見計らって提案し実行につなげ、成果を上げ続けている。

・航空会社に勤めるミドルマネジャーは、大企業の中において、自らを周囲に適応させて成果を生む術を持っていた。「上司との考え方のズレは日々あるし、板挟みのようになることもあります。けれど、全体の方向性さえ異なっていなければ、細かいことは気にしないようにしています。くよくよ細かいことにこだわっても仕方がありません。それよりも、後に引きずらないようにして、前向きに、決まったことをしっかり実行するようにしています」。

第3章

期待を超えるミドルマネジャーの自己変革力

CHAPTER 3

1 期待を超えるミドルマネジャーになる

第2章において、期待を超えるミドルマネジャーが持つスキル、ウェイ、ギャップの3つの力について詳述してきた。

続くこの第3章では、期待を超えるミドルマネジャーが、どのようにして3つの力を獲得してきたのか、そのプロセスについて見ていく。

◆自己変革力が求められている

インタビュー事例では、3つの力を獲得する過程においては、「挫折を経験した」、「大きな壁を乗り越えた」、「その当時の自分の実力を大きく超える仕事にチャレンジした」といった節目となる体験をし、その結果として「徹底して自分を磨き上げた」というパターンが多かった。

彼らは、**日々直面するさまざまな経験から、何かしらを学び取り、環境の変化に順応しながら、自分を変え、新しい自分をつくり出している、つまり先に述べたAQ（アダプタビリティー〈適応・順応〉指数）が高いのだ。**

何らかの経験をきっかけにし、**厳しくとも逃げずに正面から向き合い、自分を変えていくことこそが「自己変革力」である。**自己変革を通じて3つの力を獲得し、ミドルマネジャーとして期待以上の成果を上げるようになるのだ。

期待を超えるミドルマネジャーであるために、あり続けるために、この「自己変革力」が、なぜ必要とされるのか、その背景をもう少し見ていきたい。

繰り返しになるが、まず1つ目は、社会からの要請である。日本社会は、人口減少に伴い市場は縮小し始めている。そのような環境の中では、企業・組織は、過去と同じことをしていては、成長は見込めず、市場とともに縮小していくしかない。もちろん海外市場に成長の機会を求めるケースも増え、実際に海外で仕事をする機会を得る人もいるだろう。しかし、現実には多くの日本人がこの国で仕事をしている。つまり日本企業は、企業・組織として、変革し続けなければ生き残ることができないのである。組織が変革を続けていくためには、その組織を構成する社員一人ひとりが変わり続けるしか道がないことは自明であろう。特に組織の中核を担うミドルマネジャー一人ひとりが、自己を変革し続けなければ、企業・組織としての成長はない。

もう1つの理由は、周囲からの期待を超え続けるためには、期待のレベルが変化する以上のスピードで個人が成長しなければならないということだ。

世の中の成長のスピード（周囲からの期待の変化のスピード）＜自分の成長スピード

であれば、それは退化だ。期待を超えるためには、

世の中の成長のスピード（周囲からの期待の変化のスピード）＜自分の成長スピード

でなければならない。

「変化する」とはシンプルなことだ。昨日までできなかったことが、成長することによりできるようになるのだ。つまり、**自己を変化、変革させることでしか、成長することはできない**のだ。現状に満足して無難にこなすことなく、自分自身を変革し、成長させ、周囲の期待を超えて成果を上げていく。そうしたミドルマネジャーであるためには、自己変革し続けること、つまり「自己変革力」が欠かせないのである。

◆自己変革するための思考プロセス

期待を超えるミドルマネジャーが自己変革し、３つの力を獲得していく過程は、さまざまな要素から影響を受けるため人それぞれで、すべての人が同じパターンをたどるわけではないが、インタビュー結果から次のような共通のプロセスを見出すことができた。

ステップ１：「**自己認識**」を深める

ステップ２：自分にとって「**都合のよい解釈**」をし、次にやることを決める

ステップ3：自分のとった行動や置かれた状況に基づき**「持論形成」**する

本書では、この思考プロセスを**「自己解釈レンズ」**と名付けた（図表3－1）。この「自己解釈レンズ」を通すことによって、ミドルマネジャーは、自己を変革するのである。**自己変革とは、単にスキルを身につけたとか、新しい考え方を手に入れたとか、そういう類のものではない。内省により自己を正しく認識し、自分はどうすべきかを真剣に考え行動し、そして自分ならではの持論を形成していくのだ。**このプロセスを通じて、スキル、ウェイ、ギャップの3つの力に対する、新しい自分なりの考え方や手法を獲得し、新しい自分へと変革し、成長していくのである。

◆自己解釈レンズの3つのステップ

まず、「自己解釈レンズ」の3つのステップそれぞれの特徴を見ていこう。

図表3-1 「自己解釈レンズ」モデル図

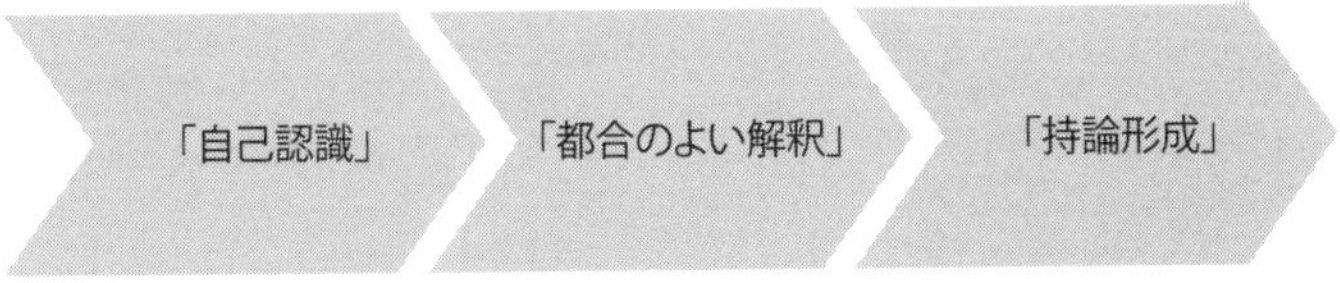

「自己認識」を深める

1つ目のステップは、「時々に立ち止まり、振り返りを行い、自己認識を深める」である。読者の皆さんの中には、振り返りをすべきと考えているが、現実には、やりきれていない人が多いかもしれない。期待を超えるミドルマネジャーになるためには（そうあり続けるためには）、忙しさに負けず、自分自身としっかり向き合うことが必要だ。金井壽宏は『仕事で「一皮むける」』（光文社新書）の中で、自らのキャリアの中で意図的に「節目」をつくり、内省しリーダーシップ開発を行う（一皮むける）ことの大切さを説いている。**自らを振り返り、「仕事に対する意味づけ」をするための節目は自分でつくらなければいけないのだ。**

加えて、この内省の中で、彼らは「よく考えている」という特徴がある。「考える」と「悩む」は混同しがちだが、2つはまったく別の営みである。「悩む」というのは、ただ、「どうしよう」、「どうしたらいいかなぁ」、「ううん」と堂々巡りを繰り返しているような状態を意味する。このモードのままでいると時間だけが経過し、新しい何かを生み出すことはない場合が多い。内省の初期段階での悩みは誰にでもあるが、そこからは抜け出さなければならないのだ。一方で、「考える」とは、対象を細かく分解する、何かと何かを比較する、基準に照らすなどのことをしつつ、段階を追い、深めていく行為を言うのである。期待を超えるミドルマネジャーたちは、このような意味で「よく考えている」のである。

自分にとって「都合のよい解釈」をし、次にやることを決める

2つ目は、自己認識の中で考えたこと、気がついたことについて、「都合よく解釈する」である。都合よく解釈するとは、**「これでいいのだ」、「これには意味がある」と自らの価値観に基づいて意味があると強く信じることを意味する。**自己決定理論の提唱者であるエドワード・L・デシによれば、自らの心の中の満足感を得ることを目的とした内発的動機付けこそが、よりよい成果を生むという。日本のマネジャーが置かれた状況は複雑化しており、ジレンマを抱えていることは第1章ですでに述べてきた。トップから期待された役割と現場の現実の狭間でも、意思決定が自分の価値観に紐づいているとしたたかに正当化できることこそが、期待を超えるミドルマネジャーが自らの納得感を高めて、大きな成果を出し続ける源泉になっている。

自分のとった行動や置かれた状況に基づき「持論形成」する

3つ目は、彼らは最終的に「持論」を持つという点である。ここでいう**持論とは、現時点で自覚している、仕事を進めるうえで最も大切な力（あるいは力の組み合わせ）を言語化したものである。**期待を超えるマネジャーは、幼少期からキャリアを積むまでのさまざまな経験から、「これが大事」という何かを他人に語れるまで昇華していた。「これが大事」という持論は、苦難に面したときに支えにもなっていることが多い。

期待を超えるミドルマネジャーは、このような自己解釈レンズを使いながらスキル、ウェイ、ギャップの3つの力を獲得していくが、環境が変わった段階で、3つの力のバリエーションを増やしていく人が多いということを強調しておきたい。このことにより、対応できる事柄を増やし、活躍の幅も広げているのである。

第5章の事例編を見るとご理解いただけると思うが、7人とも異動、転職などの環境変化が起こった際に、自問自答し、自己認識を深めつつ都合のよい解釈をし、必要に応じて新しい3つの力の獲得に乗り出していた。

2 期待を超えるミドルマネジャーはどのように自己変革するのか

では、次に「自己解釈レンズ」の各ステップについて、具体的に見ていこう。

◆ステップ1：「自己認識」を深める

自己認識を深めるのが最初のステップとなる。ここでは、自己認識を「客観的に自分や自分の置かれた現状を理解する」ことと定義する。

期待を超えるミドルマネジャーへのインタビューから、彼らは異動や転勤、昇格時などキャリアにおけるさまざまな場面を、自己認識を深める振り返りの機会とし、自分の現状を理解しようとしているケースが多いことが明らかになった。

具体的に自己認識を深めるためには、次のような問いを自らに投げかけるのが有効だ。

- 現在自分が強みとしているスキルと弱いと感じているスキルは何かを考える（基本的なビジネススキルに関する認識）。
- （環境変化がある場合）新しい状況で求められるスキルと、現在の自分が持つスキルとを客観的に比較し、不十分な点は何かを自問自答する（基本的なビジネススキルに関する認識）。
- 今までのメンバー構成において、自身が強みとしてきたリーダーシップスタイルを理解する（リーダーシップスタイルに関する認識）。
- （環境変化がある場合）今までのリーダーシップスタイルで課題がないかどうかを考える（リーダーシップスタイルに関する認識）。

・自分の中で湧き上がってくる仕事に対する想いが、過去の自身の原体験や成功体験、失敗体験とどうつながっているか熟考する（ウェイに関する認識）。
・環境変化がない状況でも、自分の仕事に対する想いと、組織の方針や、周囲の人との考え方を比較し、周囲との違いをどう埋めるかを考える（ギャップに関する認識）。
・新しい環境の組織の方針と、今の組織の方針とを比較し、ギャップの乗り越え方を変えなければならないかを考える（ギャップに関する認識）。

考えを深めなければならないことは、状況に応じて人それぞれである。しかし、期待を超えるミドルマネジャーたちに共通していたのは、何かきっかけがあったときに、自分の置かれた状況から逃げずにしっかりと向き合っていたことだったことを強調しておきたい。

◆ステップ2：自分にとって「都合のよい解釈」をし、次にやることを決める

自己認識を深める中で、さまざまなことを考え、気づきを得ていくが、それらに自分にとって「都合のよい解釈」を加えるというのが、期待を超えるミドルマネジャーが踏む次のステップである。厳しい状況や想定外の状況に置かれると、ネガティブな思考になっていく人は多い。しかし、期待を超えるマネジャーは最初こそネガティブに振れることがあったとしても、途中

から「都合のよい解釈」をし、ポジティブに物事を捉え始めるのだ。

そして、その後の行動を決める際、「他人に左右されず、自分の価値観で選択し納得感を高める」ことも併せて行っている。価値観そのものに善し悪しはない。あくまで自分の価値観に沿った選択肢を選ぶことが重要なのである。「何が大事か」の基準は、読者の皆さんのそれぞれが持っているであろう。しかし、振り返りを行っていないとすぐに明確に言葉にできないかもしれない。いざという時のために、自分は何を大切にしているのかを理解しておくことも、非常に大切である。期待を超えるミドルマネジャーは日常的に自分の価値観とも向き合い、明確にしている場合が多かった。

◆ステップ3：自分のとった行動や置かれた状況に基づき「持論形成」する

最後のステップは「持論形成」である。彼らは、自分がとった選択肢や、その時々の仕事の仕方から、スキル、ウェイ、ギャップの3つの力において、自分自身が大切にする原則、つまり持論を導き出す。そして彼らの多くが、文字に書いて自分に見える形にしたり（実際彼らの中にはメモ魔が多い）、誰かに話したりすることで伝わる形にしていくのだ。言葉の持つ意味は大きい。言葉にしておくことで、何か起きたときにもぶれず、人からどう見られても気にならず、自分の選択に対して納得ができるようになる。

また、その持論は、自分視点に偏らず、ミドルマネジャーとして周囲を巻き込んだ持論を発想している場合が多いことも特徴的である。

では、3つのステップからなる「自己解釈レンズ」を用いることで、自己変革を成し遂げたミドルマネジャーについて、具体的な事例を見てみよう。

スキル

・外資系機械メーカーに勤務し、営業畑一筋のミドルマネジャー。ある日突然、門外漢の技術畑の部長への異動を命ぜられた。ビジネススキルに関しては強い自信を持っていたものの、「技術の専門性で劣る自分に、部下たちはついてきてくれるのだろうか」という不安でいっぱいだった。彼は技術的な知識が明らかに不足しているということを「**自己認識**」した。しかし彼は、むしろ自分の強みである長年の営業経験、クライアントのニーズを把握する力に目を向けた。

そして彼は、「**都合のよい解釈**」をして、「自分はクライアントのニーズを元にして、技術部門が進むべき道筋を示せばいい。細かい技術のことは自分よりも部下のほうがよくわかっているのだから、信頼して任せればいい」と、自分の頭を切り替えたのだ。そうした結果、部下は彼を信頼し、成果も出すことができた。こうした経験を通じ、彼は「**持論**」を持つようになった。「自分の弱いスキルは部下に補ってもらえばいい。信頼して任せれば、部下も信頼してついてきてくれます」と語る。

- サービス業に携わるあるミドルマネジャーは、リストラを進める任務を負っていた時期があった。具体的にリストラ対象の事業の内情などを深く理解するにつれて「リストラをする立場にもかかわらず自分には見えていないものが多い」と「**自己認識**」した。自分には見えていないことが多いということを認識したうえで、人の人生に大きな影響を与えるリストラを実行するのは精神的にも厳しいものがあった。しかし彼はここで、「現場の意見も、事業整理を命じる経営者の意見も両方をわかるのは自分だけだ」と「**都合のよい解釈**」をした。

その後、彼は関係者の見解や状況を広く集め、理解し、十分な根回しと段取りをつけることと、意思決定の場で根拠となる情報の分析に力を注ぎながら仕事に励んだ。結果的に、彼が携わったリストラは現場からも経営者からも、納得感を持って受け入れられるようになっていった。そして、彼は、「経営と現場の目線を合わせることは、組織の一体感を高め、長期視点で会社を強くする」という「**持論**」を持つに至った。

ウェイ

・銀行に勤めるあるミドルマネジャーは、資金繰りに奔走する中小企業の経営者たちと接する中で「自分は顧客のために何ができるのか」を自問自答し、「顧客の立場に立てる銀行員になりたい」と強く感じる自分を「**自己認識**」した。しかし社内には自社の論理が存在し、「顧客のために」というお題目には誰もが賛同するものの、実質的に行動につなげるのは容易ではなかった。そんな折「これからの銀行のあり方を提示するのは、多くの顧客の状況を細かく見てきた自分だからこそできる」と「**都合のよい解釈**」をし、さらに知見を深められるように、営業の現場のみならず間接部門での経験も買って出ることとした。

持ち前の明るさと人当たりのよさで社内ネットワークを広げ、社内の多くの人との議論を重ねながら活躍のフィールドを広げたこのミドルマネジャーは、「融資の可否のみならず、顧客のビジネスの成功をサポートできなくては意味がない。これからの銀行は顧客とともに発展していかなくてはいけない」との「**持論**」を強くしている。

・大手外食チェーンで社内広報を担当するミドルマネジャーは、「自分は、今の社長に憧れて入社し、その社長のために働くのだという強い想いを持っていました。しかしあるとき、どうしても自分が納得できない方針変更が社長から下り、この社長のために働くことが本当に大事なのだろうかという迷いが生じてしまったのです」と語った。彼の「社長のため」という想いは砕かれた。

彼はそのとき、自分が持った違和感をしっかりと「**自己認識**」し、「自分にとって働くこととは何か、会社とは何か」を繰り返し考え、最終的に社長のために働くことで、その先の会社のためという大きな目的を果たしていたのだと「**都合のよい解釈**」をした。そして、このときの経験から、彼は「**持論**」を持つようになった。「物事はすべて『解釈』次第だと思っています。一見納得できない社長の指示も、『どう会社のためになっているのか』という目的に照らし合わせて解釈をし直せば、必ず自分にとって納得のいく答えが見つかります」。

ギャップ

・通販会社で部長を務めるミドルマネジャーは、親会社から来る上層部を除くプロパー社員のトップとして、現場と上層部の間に立って事業のかじ取りをしている。そこで働く仲間とともにもっと事業を大きくしたいとの想いを強く抱く一方、親会社から来た上層部の危機感のなさとのギャップを「**自己認識**」し、「このままでは先がなくなる」と感じていた。

通販事業はインターネット普及からモバイルの台頭、ポイント提携や顧客管理のＩＴ化などで大きな地殻変動が起こっており、親会社頼みではないチャネル開拓や商品開発強化など課題山積みの中、自社の売上が大きく落ち込む事態が発生した。懸念が現実化するのを目の当たりにし、「後がない」と腹をくくり上層部へ提案を挙げた。「プロパー社員として事業を熟知している自分に見えているものこそが答えであり、自分が動かないのは会社や仲間を裏切る行為だ」との**「都合のよい解釈」**がその裏にあった。たたき上げ社員として「なんとかできる」との自信もあった。その熱意は上層部からも大いに歓迎され、組織改編とともにいくつかのパイロットが始動している。このことは「強い想いがあれば誰でもリーダーシップを発揮でき、誰もがそうなるくらいでないと自社の置かれた難局は乗り越えられない」との**「持論」**を抱かせ、後進の育成にも力が入っている。

• 飲食系サービス業で部門長を務めるミドルマネジャーは、現場生え抜きという昇進の前例を覆し、落下傘として管理職に抜擢され、多くの事業部の建て直しを行ってきた。就任当初は現場からの反発も多かったが、明るく素直な人柄と部下を信じて柔軟に仕事を任せていくことで着実に実績を重ね、変革を成功させてきた。その中で、重要な現場ポジションが不在のまま商戦期を戦う、商品の不備が発生するなど「現場がグチャグチャだった」経験から、自社の今後に対しての危機感を**「自己認識」**した。

その後、事業領域外の案件も含めたアクションプランを作り経営陣に提案したが、事前に根回しをしていたにもかかわらず、すべて却下されてしまい、大きな落胆を味わった。

しかし、悩み立ち止まるのではなく、「今じゃなかっただけだから、また温めておけばいい」と「**都合のよい解釈**」を行った。「それしかやっていなかったらしんどかったけど、自分は並行して20を超える大きなタスクを進めていた。1つがダメでも大きな穴にはならない」、「うじうじ言うよりも、いったん走る。ミドルとして決定事項をどうスピーディに運用するのかに切り替えた」と、自らが経営陣に求められていることは何かを再定義して立ち直った。

さらに経営陣とのズレを感じたときには批判するのではなく、「違う視点で見ているかもしれない」と捉え、このような挫折は「視座を高め、自分がミドルマネジャーとして経営陣の意図を咀嚼しきれていないと内省する好機である」という「**持論**」を形成した。

3 自己解釈レンズ　ワークシート

ここからは読者の皆さんに、具体的なワークシートの作成を通じて、「自己解釈レンズ」の実践を行っていただきたい。質問への答えを、回答枠に記入してみてほしい。

スキル

①自己認識

現在の業務における自分の強みと弱みは何ですか？

②自己解釈レンズ

自身の不足しているスキルを組織としてどのように補い、組織としての成果を発揮しますか？（自分でスキルを高めるものもあれば、チームで補うものもあってよいので、自由に解釈してください。）

あなたがとり得るリーダーシップスタイルには、どういったものがありますか?（指示型／コーチ型／支援型／委任型）

あなたにとって「都合よく解釈して」、組織としての成果を最大化できるリーダーシップスタイルは前記のうちどれですか?（あなたにとって成果を発揮できるのであればどれを選んでもかまいません。選んだものがあなたのリーダーシップスタイルのタイプになります。）

③持論形成

前記を踏まえて、スキルに関して持論と言えるものがあったら言葉にしてみてください。

ウェイ

①自己認識

あなたが仕事をするうえで、節目となった強烈な体験は何でしょうか?

成功体験・失敗体験をできるだけ挙げてみてください。

周囲の人の仕事に対する考え方で、自分に影響を与えたものがあれば記してください。

自身の経験や周囲の考えとの比較により、働くことに対する価値観や考え方に変化はありましたか？　（特に「これだけは譲れない」という想いが醸成されていたら記してください。）

②自己解釈レンズ

今後、あなたが働く目的として考えられる選択肢は何でしょうか？　できるだけ挙げてみてください。（What 型／How 型／Where 型／Who 型）

その中で、「このために働くのだ」という強い想いを感じるものはどれでしょうか？（譲れない強い想いを感じるものであればどれでもかまいません。それがあなたのウェイになります。）

あなたにとって「都合よく解釈」して、そのウェイと、ウェイを抱くに至った過去の節目の経験とをつながったストーリーにして書いてみてください。

③持論形成

前記を踏まえて、ウェイに関して持論と言えるものがあったら言葉にしてみてください。

ギャップ

①自己認識

現在、あなたが直面している周囲との考え方の違いはどのようなものですか？

（上司・部下・同僚との考え方の違いや、会社・組織との考え方の違い）

②自己解釈レンズ

とり得る選択肢はどのようなものがありますか？（突破型、両立型、適応型）

その中で、どの選択肢を選びますか？　それはなぜですか？　あなたにとって「都合よく解釈」して、理由を書いてみてください。（自分が成果を出せそうなものであればどれを選んでもかまいません。選んだものがあなたのギャップを乗り越えられるタイプになります。）

③持論形成

前記を踏まえて、ギャップに関して持論と言えるものがあったら言葉にしてみてください。

第4章

期待を超えるミドルマネジャーであり続けるために

CHAPTER 4

1 期待を超えるミドルマネジャーにも紆余曲折がある

自己解釈レンズを使いながら、スキル、ウェイ、ギャップの3つの力を獲得し、周囲の期待を超えるようになったミドルマネジャーは、その後どうなるのだろうか。苦労を乗り越えた結果として、順風満帆な日々となるのだろうか。

その答えは、読者の皆さんのご想像どおり、**長期にわたり順風満帆でいられるケースはきわめて稀ということになる。**第1章でも記したが、昨今のビジネス環境は変化も速く、簡単に安住していられる世界ではない。また、仕事のみならずプライベートでの出来事から影響を受けることも起こりうる。では、期待を超えるミドルマネジャーであり続けるために、どのように対処していけばよいのだろうか。本章ではその方法について明らかにしていく。

まずはインタビューで語られた、ミドルマネジャーたちが直面している紆余曲折について見てみよう。

ＩＴ企業で営業部長を務めるミドルマネジャーには次のような局面があった。「ある国家間のプロジェクトで、国境をまたいだ無線システムに大きな投資をしてもらった案件がありました。絶対の信頼があったにもかかわらず想定外の不具合が発生し、クライアントに大迷惑をかけてしまったんです。必死でリカバリーしようとしたんですがすぐには改善せず、多大な損害を与えてしまいました。信頼を失ったのと大きな迷惑をかけたのとであのときは本当に落ち込んで、体は丈夫なほうなんですけど3日間寝込みました」。直接の責任があるわけではないとはいえ、営業責任者だった自分が責任をとる立場であり、何より自分自身の気持ちがすまない。顧客への申し訳なさに押しつぶされそうになったという。

また、外資系機械メーカーに勤めるミドルマネジャーはこう語っている。

「理不尽な降格を経験しています。営業だったときに誰よりも努力して結果を出していたんですが、あるとき営業の視点で技術を見てほしいと言われて技術部を統括する本部長になりました。その後しばらくして社長も組織も代わり方針が一変したんですが、文系出身というだけで私は技術部長にふさわしくないということになりました。外から別の部長が採用されるとともに私は降格され、元部下たちと横に並ぶことになりました。ポジションはまた取り返せばいいんですが、この安易な判断への悔しさは抑えきれませんでした。当時の経営陣への失望で、一気に働く意欲を失ってしまいました」。経緯を知らない経営陣の意思決定で、それまでの功

図表4-1 紆余曲折の例

人間関係に関するもの	自身の功績を横取りされる
	上司から理不尽にたたかれる
	組織の派閥争いに巻き込まれる
	期待していた部下が辞めることになる
組織の都合に関するもの	M&Aによって自社が買収される
	上役が交代し、自分も降格となる
	意に沿わない不利な異動・転勤となる
	組織上層部の朝令暮改に翻弄される
	自社都合優先の意思決定で顧客に迷惑をかける
	心血を注いでいるプロジェクトの予算が打ち切られる
業務トラブルに関連するもの	トラブルにより顧客の信頼を失う
	顧客企業が倒産し、大口の取引を失う
	事業が破たんし、信じていたことが崩れる
プライベートに関連するもの	配偶者より離婚を告げられる
	家族が重い病気になる
	災害に遭い被害を受ける

績を安易に踏みにじられてしまった例である。モチベーション高く使命感を持ってやっていたが、「これまでの苦労は何だったんだろう」と脱力してしまったのだ。この人のウェイはWhere型で「この会社だからこそ働く」だったこともあり、相当なショックだったという。

これらを含めインタビューで語られたエピソードを中心に、さまざまな紆余曲折を図表4－1にまとめた。

こうして見てみると、読者の皆さんの経験に近いものもあるのではないだろうか。誰にいつ起こってもおかしくはないことばかりである。ただし悲観することはない。期待を超えるミドルマネジャー

図表4-2　期待を超えるミドルマネジャーになるメカニズム（再掲）

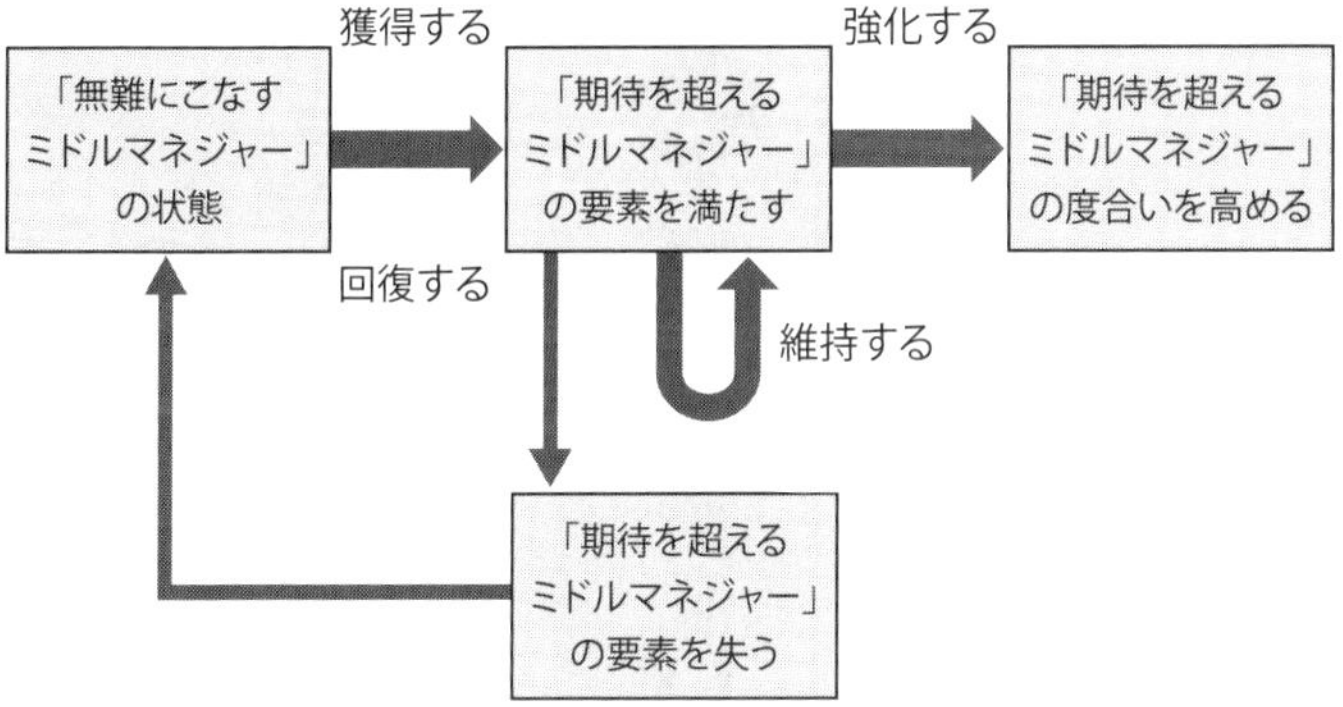

たちは、期待を超え続ける秘訣、つまり前述の紆余曲折があってもいかに3つの力を保ち続けるか、についても経験を語ってくれている。

ミドルマネジャーたちは多くの事象に直面し、影響を受けるが、その影響の大きさはさまざまである。同じような事象にあっても特に影響を受けない人もいれば、甚大な影響を受け、3つの力を失ってしまう人もいる。先ほどの外資系メーカーのミドルマネジャーのように、「この会社だからこそ」を大切にして（ウェイとして）働く人にとって、会社から理不尽な扱いを受けたときのダメージは大きい。つまり、直面した事象そのものが何であるかというよりも、それがミドルマネジャーにとってどのような意味を持つのかによって、影響の大きさは異なってくるのだ。さらに、何らかの環境要因が重なったり、心境の変化だったり、ミドルマネジャーの状況も変化する中でその事象がどんなタイミングで起こるかということも影響してくる。

当然個々の違いはあるが、以下では、「ミドルマネジャーが結果として受けた影響の大きさ」に対してそれぞれの対処になるヒントを、3つの力を「維持する」「回復する」「強化する」というパターンに集約した。

2 紆余曲折をいかに潜り抜けるか——3つのパターン

まず3つの力を「維持する」「回復する」「強化する」の概要を見ていこう。

「維持する」

スキル、ウェイ、ギャップの3つの力について、期待を超えるミドルマネジャーはすでに一度すべてを獲得しているが、さまざまな事象によって影響を受けることになる。その影響から

3つの力をいかに失わないよう保つかというのが「維持する」である。

当該事象の影響がそれほど大きくなく、日常の習慣や心がけとちょっとしたケアによって維持できる場合の対処法である。意識的なものもあれば無意識的なもの、行動もあれば考え方もあり、頻度や継続期間もさまざまである。

この「維持する」で気をつける必要があるのは、**一つひとつの影響は小さくても、小さな影響がいくつも重なってきたときに、知らず知らずのうちに3つの力を弱めてしまっていたり、失ってしまう可能性がある点である。**そうならないためには、無意識的なもののみならず、意識的に客観的チェックができるような対処法も持っておく必要がある。

また、インタビューでは、この「維持する」の対処法が人によって「回復する」「強化する」でも効いていると思われるコメントもあった。ウェイによってはその人にとっての意味合いが変わるからである。つまり、この「維持する」に含まれる対処法は、「回復する」「強化する」の場面でも有効になりうるものであり、併用すると効果が上がるものとなる。

「回復する」

一定レベルを超える甚大な影響を被ってしまったときは、いったん3つの力を失ってしまうこともある。そんなときはその力を「回復させる」必要がある。

同じ「回復する」でも程度の違いがある。３つのうちの１つを失ってしまっただけなのか、あるいは３つとも一気に失ってしまったのか。その失った度合いはどれほどなのか、特に長年ゆるぎないものとして持っていた力（特にウェイ）を失ったときは影響が大きくなる。状況によっては、他者の力を大きく必要とする場合も出てくる。

そして程度の差はあれど「回復する」の渦中にいるときは相当につらい日々となる。先が見えず、いつまで続くのかもわからず、このまま抜け出せないのではないかと思うときさえある。

しかし一方で、ここは**大きな成長を遂げるチャンスでもあり、期待を超えるミドルマネジャーは誰もがこの「回復する」を経験し、より強くより大きく成長するきっかけにしていた。**逆に「回復する」が１つもないようなミドルマネジャーは３つの力を長く維持できなかったり、ある程度のレベルで留まっていたりする。つまり、その渦中にあってはつらいものも、それを抜ければさらに大きなものが得られる貴重な経験ともなるのだ。期待を超えるミドルマネジャーは苦しい中にあってもなんとか希望を見出し、対処法を実践していた。

「強化する」

これは、**３つの力をあらかじめ「強くしておく」という意味**であり、多少の影響を受けたくらいではびくともせず、想定を大きく超えた紆余曲折にも耐え抜いていけるようにすることである。

前の2つが対症療法的であるのに対し、やや**予防療法的**であり、またさらにもう一段、3つの力のレベルを引き上げていくためにも有効となる対処法である。また、他の対処法と比べるとより意識的である必要があり、難易度も高い。予防療法的ということは、まだ見えていない事象に事前に手を打つことであり、対処に迫られていない中でも意識的に、かつ先を読む・描く力を要する。予防はより意識的である必要性も難易度も高いが、期待を超え続ける力をより強くさせるのだ。

さらに、世の中では当たり前に持つべき習慣のように語られているものが、この「強化する」に分類される場合が多いのは注目に値する。つまり、当たり前とされていることは実はかなりハードルが高く（意識的かつ難易度が高く）、誰にとっても当たり前というよりは、多くの人にとって一定の努力を伴うものであるということである。それがゆえに「強化する」を求めるミドルマネジャーの「能動的」な行動であることがより効果的だという結果となった。能動的であることが高いハードルを越えさせるのである。

人によってはかなりの時間をかけることもあるし、小さく短期的に行うこともあるが、いずれにしても、ミドルマネジャー本人の内面にある自発的な想いに根差した行動が大事だということである。

3 維持、回復、強化のための具体的な行動・思考

では、「維持する」「回復する」「強化する」ための具体的な行動・思考（対処法）を見ていこう。

◆「維持する」：現在志向により3つの力を再解釈する

「維持する」における最も端的なポイントは「**現在志向**」である。現在に照準を合わせ、さまざまな行動を重ねることで3つの力を維持していくのだ。

インタビューで語られた中では、無理なく日常的に継続でき自身でも好きなものが効果的という場合もあれば、頻度は高くなく好きではないがここぞという時に自分を奮い立たせるものなど、さまざまなものが存在した。

自己認識と持論形成を往復する（持論を補正する、つくり変える）

第3章で触れたとおり、期待を超えるミドルマネジャーは、3つの力を獲得する段階ですで

に一定の持論を持っているが、改めて自己認識と持論形成を往復し、自己解釈レンズを何回も通り、持論をより確固たるものにしているケースが多い。内省の1つの形ともいえる。

日々、自らの持論に必要な微修正を重ねていったり、大きく方向転換させることもある。あるいはそれまでの持論をそのままより確信レベルに高めていくこともある。これを何度も何度も繰り返し、研ぎ澄ませていくと、「維持する」レベルを超えて「強化する」のレベルにも達しうる対処法である。その意味では、この対処法を「強化する」の意味合いとして語っていたミドルマネジャーも存在した。インタビューで寄せられた具体的なコメントは次のとおりである。

- 「ことあるごとに振り返りをします。時々時間をとって、よかったことも悪かったことも振り返りますが、ひどく悪かったときには必ずやります。起きたことに対してだけでなく、本を読んで感じたこと・気づいたことについても持論と比べてみて考えます。学びのアウトプットにもなります」。
- 「比較的仕事は忙しくしているほうだと思いますし家族との時間も大切にしていますが、1人の時間も取るようにしています。一定の時間1人になって考えないと、すぐに惰性で日々を過ごしてしまいますから」。

・「判断に迷うときはいつも頭の中に2人の自分が出てきて戦います。合理的に考える自分ともっとリスクをとって攻めろという自分です。前者には状況に応じた合理性が大事だという持論が関係していて、後者には『ぎりぎりまで攻める』という私の根底部分の価値観からくる持論が関係しています。2人の自分が戦って出した答えからまた結果が生まれて、それがまた新しい持論になります」。

・「喫茶店がちょうどいい場所です。静かすぎず人の出入りがあって飽きません。そこに本を数冊積んで乱読しながら、いつの間にか本を離れて考え事をしているという感じです。本が刺激になっていくつもアイデアが生まれてきます。持論を振り返ったり、新しい持論がそこで生まれることもよくあります」。

持論を言語化する（明確化・視覚化する）

持論を言語化することで、頭の中にあるものを見える化し、意識の中でより確固たるものにしているミドルマネジャーは多い。メラビアンの法則で示されているとおり、目に見えるものはより自身の意識を強くさせることになる。メラビアンの法則は「7対38対55の法則」とも呼ばれ、「視覚で確認できるものがより強く印象や認識に残る」という。つまり持論の言語化に当てはめると、持論をただぼやっと頭の中に持っているだけよりも言語化して視覚化することでより自身の意識の中で強く認識されるということである。

このことは再現性や応用力を高めたり、他者へ伝えやすくなったり、そのことでさらなるフィードバックが得られ、前述した「自己認識と持論形成を往復する」プロセスを経て持論が強化されることにもなる。座右の銘を持つというのでもいい。持論がすでに言語化されていてかつ知られている概念であれば、他者との共有はより容易になる。具体的には左記のようなコメントが聞かれた。

- 「心がけたいことやどこかで見聞きした言葉でいいと感じたものはパソコンでまとめて、時々見返しています。最近はだいぶたまってきて、自分オリジナルの金言集になっています。自分自身を奮い立たせてくれることも、アイデアをくれることもありますが、他者へ伝えるときにも役立ちます」。
- 「手帳に持論を書いたものを挟んで持ち歩いています。もう頭に入っていますので頻繁に取り出してみることは少ないですが、それでも時々眺めながらメンタルを刺激しています」。
- 「3年日記をやっています。毎日、ちょっとしたことや気づきを日記に書いています。まとまっている必要はなく、短い文章です。書いていると、ある時期に同じようなことを何度も書いていたりして、自分にしっくりくる言葉が見つかったりします。その日記の大事だと思う気づきの部分には印をつけます」。

使えるタイプの幅を広げる（耐性や柔軟性を高める）

3つの力のそれぞれについて、現在のところ得意・もしくは好きなタイプを持っているが、これをより多様化させ幅を広げる、つまり、現在得意・好きなタイプに加えて他のタイプについても得意にしていっているミドルマネジャーは多い。第2章で触れたように、スキルに4つのタイプ、ウェイに4つ、ギャップに3つのタイプがあるが、このタイプを1つよりも2つ、3つと多く持てるようになると、1つのタイプのみに左右されず、1つがうまくいかなくても、他のタイプで対処することで耐性や柔軟性を持たせ、3つの力の維持がしやすくなる。

- 「20代のころは貪欲でもあり、自分のことで精一杯で、自分のためというのが大きかったですが、お客様のためにとか部下のためにとか、自分以外の誰かのためにと考えるようになってからはより意志の強さというか、覚悟が揺らぎにくくなりました（ウェイのWho型の対象を広げた例）」。
- 「部下に新しいことをやらせるとき、部下がイメージしているプロセスを具体的に話させます。そのプロセスで何をクリアにしていくのかも話させて、それらがどれだけ具体的かで自分が手を貸さないといけないレベルを考えます。それでほとんど任せる場合（スキルの委任型）もあれば、かなり指図する場合（スキルの指示型）もあります」。

- 「顧客の利益と社内の利害が対立することや、自分がこうだと思うことと会社の指示とが対立することも多々ありますが、徹底的に議論して合理的だと納得できないかぎりはあまり引きません（ギャップの突破型）。ただ、時期を見てとか、いくつか受け入れつつ絶対に譲れないものは譲らないという柔軟性も持つようになりました（ギャップの両立型）」。

以上の3つのような例は自然に行う部分もあるが、意図的に計画して行う部分が大きい。前述したとおり、「維持する」は現在志向であり、目の前のことに最善を尽くすこと、目の前で起こっていることから目をそらさず、機微を捉え、できることを精一杯やり尽くすこと、真剣に向き合うことが重要である。

ただし傾倒しすぎてオーバーフローしてしまうレベルまで行くと逆効果である。一度クールダウンする、リフレッシュするなど適宜バランスをとる必要がある。その意味で次の対処法も重要であるとともに、取り組みやすいことと思う。

心身のリセットの機会を持つ

心身のリセットの機会を日常にうまく組み込むようにしているミドルマネジャーは多い。自分にとって必要な心身のリセットの機会を認識し、習慣として持つことは重要だ。インタビューでは、自分らしい心身のリセット方法が数多く聞かれたが、「自分流」を確立し、うまくリセットしているミドルマネジャーはハードワークであっても活力を失わない原動力にしていた。

- 「一日のリセットでお酒を飲みます。ストレス発散になって『次の日も頑張ろう』という気持ちになります」。
- 「家族が大切です。私にとってのセーフティゾーンでありオアシスです。子どもと一緒に過ごして、サッカーを頑張っているのを見たりして刺激をもらいます。自分も頑張ろうと思います」。
- 「私は運動です。マラソンと山登りをやりますが、頭が空っぽになるのとゴールに到達する達成感という共通点があって、スカッとします」。
- 「最近は瞑想をしています。頭を無にする時間を持つとまた新しい発想が湧いてきます。和尚の言葉から気づきを得られることもあります」。

・「土日はきっちり休んで1人の時間や家族との時間を楽しみます。日曜日の夜、ちょっとだけメールを見てしまうんですが、それ以外は仕事のことも基本的には忘れています」。

学びのアンテナを高く持つ

学びのアンテナを高く持ち、実際に新しいことを学ぶことで、エネルギーを充塡することが可能だ。新しいものを求めたり、成長を実感したりということが、心身によい影響を与えるのである。その意味では、この対処法が心身のリセットの一環に入る人もいるだろうし、スキルを高めたり思考を深めたりするために、という意味では、前述の「持論を固める」「言語化する」や「タイプの幅を広げる」に入る人もいる。

また、学びは将来のビジョンやキャリアとつながっていることが多い。今現在必要なこととして学ぶこともあれば将来に向けて学ぶこともある。その意味では「強化する」にも関連性がある。

インタビューでは、全員が学びに対して貪欲で、ストイックなものから趣味に近いような気楽なものまでさまざまあったが、何かしらの分野で継続的に学びの機会を持っているということが共通していた。

・「新しい学びを得たくてビジネススクールに通っています」。
・「新しい課題にあたるとき、肩幅くらいその分野の本を読みます。そのくらい読むと大体その分野を検討できるレベルの概要はつかめます。それを手掛かりに専門家と話せば大きく間違った判断はしない程度の知識になります」。
・「何人かの仲間と毎週朝会をやっていて、参加者持ち寄りで学びのテーマを挙げて、何かを用意してきてプレゼンしたりその場でディスカッションしたりしています」。
・「人前で話す機会を意図的に多く持つようにしています。大きなものでは大学で講演をしたり、小さなものだと親戚の行事の司会をしたり。話すためにはいろいろ学ぶ必要も出てきて知識の幅が広がりますし、知っていることも自分でよく理解していないとダメなので、腹落ちさせるレベルの理解にもなっています」。

よきメンターを持つ

客観的なよりどころを持つために、常に信頼のおけるよきメンターとの関係を維持することは効果的だ。

「指導的な助言者」という意味においては、今回のインタビューでは約3分の1のミドルマネジャーたちが明確にメンターを持っていた。より広くちょっとした相談相手や単に聞き役なども含めた意味では、ほとんどのミドルマネジャーがメンターを持っていた。その相手は職場の先輩や上役のみならず、配偶者であったり、友人であったりさまざまであった。

メンターの影響はいろいろで、メンターの持っているものやメンターとの関係性によって「回復する」や「強化する」でも力を借りることになる。また、第2章で触れている3つの力を「獲得する」においてもメンターがいてくれると助かる場面は多い。期待を超えるミドルマネジャーは1人ではできない課題に立ち向かうことがほとんどであり、よきメンターがいることは非常に重要であることが、インタビューでも多く聞かれた。

- 「20代のころ、私についてくれた先輩に多くを教わりました。『〝元気〟はもとの気と書くんだ』と言われ、もともと人は元気で、自然体を保てれば元気でいられるという今の自分のスタイルにつながっています」。
- 「とても尊敬していて、いつも答えではなくヒントだけくれる最良のメンターが家にいます。つまり私の夫なんです。夫婦なんですが、仕事に関してはほとんど師弟関係で、何かと相談しています」。
- 「私をまったく専門外のキャリアに引き入れた当時の部長がそのまま今のメンターです。私は言いたいことを言うタイプで周囲とぶつかることも多いんですが、メンターからの客観的アドバイスをもらってうまくバランスを保つようにしています」。

・「相談するテーマが違うんですが、3人います。単におごってもらって飲んでるだけというときもありますが、皆さん真剣にそれぞれ仕事に打ち込んでいらっしゃる方たちなので、必ず何かしらのアドバイスやヒントをくれます。私には欠かせないお三方です」。

客観指標を持つ

自身の状態をチェックするための何らかの客観指標を持つように心がけているミドルマネジャーは多い。自分では気づかないところで調子がくるっていたり、何に調子が左右されるのかなどを知ることで、「維持する」をより確実に管理できることになる。インタビューしたミドルマネジャーからは次のようなコメントが寄せられた。

・「自分オリジナルの10項目程度の簡単なチェックを定期的にやって、自分の調子を把握しています。部下にもやってもらってチームの健康状態を把握しています」。

・「月間の残業時間は1つのバロメーターです。一定の時間を超えるとやっぱり調子がくるってきます。自分自身でこの時間になるとどうかというのを把握しておいて、年齢とともに多少変わってきますが、過剰になってきたときは無理にでも休んで調整しています」。

・「私は、自分で気づいていないところで感情や体調が表に出がちなんですが、周りの人におかしいところがあったら言ってもらうようにしています」。

読者の皆さんも独自の方法を持っているかもしれないが、注意すべきことは常に「今を大切にする」ことである。過去を肯定するのも、将来の可能性を広げるのも、「今」をどう過ごすかであり、「維持する」の重要なポイントである。

◆「回復する」：過去に想いを馳せることにより3つの力を取り戻す

「回復する」におけるポイントは「過去にしっかり想いを馳せること」である。想定を超えて変化してしまった状況に改めて対応するにあたり、過去から積み上げてきたものをもう一度整理して、現状に合う形で補正し、失った力を取り戻すのである。

この対処法については少し慎重に選ぶ必要がある。受けているダメージの度合いによっては、あまり無理をせず一定期間しっかり休むことが必要な場合もあるからである。自身の状態を確認しながら、次に挙げる対処法を取り入れてみていただきたい。

過去の棚卸しをする（強み・持ち味を再確認する）

一時的に3つの力の一部もしくはすべてを失ってしまっている状態において、かつてはしっかりと3つの力を備えていたことをきちんと振り返り、自身の本来の強みや持ち味を自己評価で再確認しているミドルマネジャーは多い。過去の成功要因や心持ちを具体的に整理し、自己効力感を高め、力を取り戻すのである。

注意すべきは、**過去に「しがみつく」ことにならないようにする**ことである。あくまで過去から現在を肯定するプロセスの一環として過去に視点を置くということであり、「あのときはよかった」、「あのときはすごかったんだ」と酔いしれたまま過去に留まるということではない。最終的には必ず現在に過去からの気づきをフィードバックするのである。

3つの力にどれだけのダメージがあるかによって、必要になる棚卸しの質と時間は異なってくるが、インタビューしたミドルマネジャーたちの発言は、そこに労力を割いた分、回復後には強い力となることを教えてくれている。

- 「原点に立ち返って自分自身を見つめなおしました。歴史ものが好きなんですが、昔読んでいた歴史小説を読みなおしたりもしました。当時考えていたこととか頑張っていたこととかを思い出して気持ちが奮い立ちました」。

・「壁にぶち当たったとき、何がその壁をつくっているのかと考えます。たいていは過去の自分自身がつくっていることが多いです。だから、過去の自分の上に今何を足せば壁を越えられるかを考えます」。

・「何をやってもうまくいかないと感じていたとき、過去に一番苦労して達成したことと一番直近で達成したこととを思い起こして、そのときは何がよかったのかと考えたことがあります。資料も取り出して見返しました。結構うまいことやっていたなとか、過去の自分に学ぶところもありました。そして気持ちが楽になって目の前のことも少しずつ余裕を持って考えられるようになり、状況も改善していきました」。

他者からの承認を整理する（承認欲求を満たす）

他者からの承認を再整理し、客観的に自己の持ち味を再確認しているミドルマネジャーは多い。過去の棚卸しが自己評価であるのに対し、ここでは他者から見た客観評価にフォーカスする。他者評価は過去の自分の外から見える部分に対する客観評価である。客観的な好評価を整理し、これも棚卸し同様に自己効力感を高め、３つの力の回復へとつなげるのである。

次のコメントのように上手に取り入れられれば自己効力感を高める対処法となりうる。

・「実績を上げて社内で表彰されたときにもらった賞状がいくつかあります。連続して表彰された年もあります。当時よりは今のほうが格段に背負うものも多くなっていますが、無難にこなそうとしている今の自分にも気づきました」。

・「落ち込んでいたとき、妻が私のいいところをたくさん言ってくれました。そんなところまで見てくれていたんだと驚きました。いずれにしても前を向くしかないという気持ちになりました」。

・「私の誕生日に、私のいいところをたくさん挙げてもらうコンペティションをしました。私がグッとくることを言ってくれた人とか、たくさん言ってくれた人に賞を授与して景品も出しました。とてもいい気分になれました」。

すでに持っているすばらしいものを過去からひもとき、過去から現在を肯定する、もしくは意味づけして3つの力を回復させているコメントは多く聞かれたが、これを「維持する」の一環としてよりライトに頻度高く日常の習慣としているミドルマネジャーもいた。

そして過去から得られたヒントを、次の対処法のように新たな結果につなげられれば「回復する」は仕上げ段階と言ってもいい。

小さな成功を積む（成功を再創造する）

「棚卸し」と「他者からの承認を整理する」ことで得られた気づきを活かし、目の前の小さいことに応用し、成功体験を積む努力をするミドルマネジャーは多い。言わば、過去から現在をつなぎ、さらに現在を新しくつくっていくのである。インタビューで聞かれたコメントは次のとおりである。

- 「私はずっと、人より何かしら1つでも秀でることで立場を誇示していました。人間関係で苦しい立場に立たされて悩んだときも、『秀でること』を思い起こして必死で勉強して周囲に認めてもらい、人間関係も改善できました」。
- 「部下をやる気にさせるにはどうしたらいいか悩んでいましたが、学生時代の部活で後輩に対してやっていたことを思い起こして応用しました。いつの間にか独りよがりになっていましたが、部活時代の『みんなで勝つために』という気持ちが根底にあることが大事だったんです。部下のやる気は目に見えて変わりました」。
- 「ポジションについて責任を持たなきゃと思って背負い込んでいましたが、若いころはうまく人の力を借りていたのを思い出して周囲の力を借りる発想に切り替えてみたら、結果が格段に上がりました。責任とは1人で背負うかどうかではなく、結果に対して背負うものだと気づきました」。

何とかなると開き直る、今は少し休めということだと割り切る

紆余曲折からのダメージが大きすぎるのであれば、逆に開き直ったり、休むことにして割り切るのも1つの方法だ。

期待を超えるミドルマネジャーが背負う重圧は、期待を超え続けるほど大きくなる。過去そうだったように最終的には何とかなる、やるだけやってらちが明かないなら休むという対処法もインタビューの中で多く聞かれた。

- 「何ごともポジティブに捉えなおすようにしていたら、いつの間にか何でも何とかなると思うようになりました」。
- 「見るからに落ち込んでいたのか、親友が『お前ずっと頑張ってきたから、休めってことじゃない?』と言ってくれました。思い切って1週間休んだら、すっかり気持ちが軽くなり、ついでに仕事の意思決定も大胆になりました。追い込まれたとき、挽回しようとしてもがくよりも、割り切って休むことも必要だと知りました」。

「回復する」の状態を語るミドルマネジャーは、必要以上に自信（自己効力感）をなくしているケースが多かった。過去からの自分を整理して自分を見つめなおし、ある程度3つの力が回復してくれれば、自信とともに変化への対応力も回復し、またひとまわり大きく期待を超えるミドルマネジャーとして復活できるのだ。

そしてもう1点付言すると、ほぼすべてのミドルマネジャーが過去の落ち込んだ経験をたいしたことではなかったかのように語っていた。非常に厳しい経験をしたことが、すでにひとまわり大きくなったミドルマネジャーにとっては小さいことになっているのだ。その時々にダメージを受けるような経験があってこそ、期待を超え続けるミドルマネジャーであり続けるのだということを感じさせられる。

◆「強化する」：未来志向により3つの力を確固たるものにする

「強化する」のポイントは「**未来志向**」である。未来に照準を合わせて未来への時間軸もしくは未来からの時間軸を広くとれればとれるほど、現在をより意味のあるものに変えられる。その視点から現在の3つの力を捉え直すことである。また、すぐに3つの力を捉え直すことに至らないとしても、捉え直そうとし続けていること、つまりプロセスにも意味があるのだ。

志やゴールを持つ（将来到達したい状態を描く）

将来に向けた志やゴールを持つことで、今のあり方を確認し、適切な方向へ修正することができる。このことが日々を肯定し、活力を与え、3つの力をより確固たるものにするのにおおいに役立つ。

ここでいう志やゴールは必ずしも生涯をかけたものである必要はない。現時点で明確にできる範囲の中で、数年程度のスパンで到達したい将来像という形で充分だ。そこに到達したらまた次のスパンで将来像を描けばよい。時間の長さよりも、自分自身で手触り感があり、本気の想いを傾けられるものを、多くのミドルマネジャーが大切にしていた（「志」の育て方については、『志を育てる』〔グロービス経営大学院著、東洋経済新報社〕を参照のこと）。

- 「社会に何を残せるか、今はまだスタートしたばかりですが、いつもそのことを考えます。絶対に失敗に終わらせないと決めています」。
- 「少しずつ志は変わっています。ポジションやミッションが変わる中で見えるものも変わるので、それに応じて志も変化してきました。ずっと何かしらそうなりたい、そうしたいと志を持ち続けてきたことで頑張ってこられたと思います」。
- 「ちょっとしたことなら運で到達するかもしれないですが、大きなゴールであればあるほど、具体的に想い描いてそのためにどうすべきかを考えないと到達できないと思うんです。でもなかなか志は見つからず、自分はだめだと思ったこともありましたが、探し続けたことがよかったと思います。探し続けながら得られた経験が今に生きています」。

- 「私の志をすべての部下に伝えています。それを部下はよく理解してくれていて、私の意思決定の背景もよく理解してくれています」。
- 「ここぞという時の力になるのは志です。普通にやっていては勝てない時代ですから、あと一歩踏み出す力、踏ん張る力が必要で、そのときに志は力になります」。

ロールモデルを持つ（将来到達したい人物像を描く）

将来的にありたい人物像を頭に描くというのは、3つの力を強化するのに非常に効果的な方法である。実在する人物で、現在でも歴史上の人物でもよく、また何人かをミックスして自分なりの人物理想像を描いてもいい。

この理想像についても、手触り感があり、本気の想いを傾けられるものであることが重要である。インタビューで語られたロールモデル像には、次のようなものがあった。

- 「もう退職されたが、前社長がロールモデルになっています。『社員は家族だ』という懐の深い社長でしたが、あんなリーダーになりたいと思っています」。

- 「私のメンターでもある方が、ロールモデルでもあります。どんな逆境にもひるまない強さと決断力を持った人です。自分もそうありたいと心がけています」。
- 「私の両親は、それぞれいいところも悪いところもあるんですが、2人のいいところを合わせると、すばらしい人物になります。私はそれを目指しています」。

他者実現を目指す（モチベーションの源泉に他者貢献を置く）

自己実現の枠を超え、他者を通じた成果の実現を目指すことでより強固な想いを持つことができる場合も多い。人は誰かのためになろうとしているとき想像以上の力を発揮する、ということをミドルマネジャーたちの言葉からも再確認できる。

- 「部下に挑戦することを教えたい一心で思い切ったことを経営会議で提案しました。言いすぎたと思いつつも結局部下と一緒にそれをやることになったんですが、それがうまく成功したんです。まったく自分でも想定外でしたが、部下の成長を考えていたら力が湧いてきました」。
- 「病院の現場が忙しすぎてサービスの品質が低下し、患者さんに迷惑がかかっていることがありました。現場のマネジメントが機能していないことがわかり、マネジメントの意識改革・業務改善に奔走しましたが、自分だけでなく周囲にも『患者さんのために』を強く意識してもらってやり遂げました」。

- 「サービス業に従事する人たちの地位を高めたいんです。今やっている顧客リレーションは顧客満足度を高めることがミッションですが、そのことに最前線で取り組んでくれている現場スタッフは本当に大切な存在です。彼らの存在意義を示すためにも、自分のミッションを必ず達成したいと思っています」。

将来に残された時間を可能性と捉え、客観指標として活用する

将来に残された時間を「もうXX年しかない」と捉えるのではなく、ポジティブに「まだXX年ある」と捉え、「XX年をどうやって大切に過ごすか、活用できるか」という可能性として捉えることは3つの力の強化に役立つ。

インタビューしたミドルマネジャーは皆、時間を大切にし、使い道に気を遣っていた。

- 「定年までに残された時間は約15年。現在のキャリアビジョンの達成のためには、やや成果を加速する必要があります。1年の成果とそれにつながる1日1日を大切に、より真剣

に過ごしたいと考えています」。

・「定年までの時間を考えると、サラリーマン人生の半ばを過ぎてもうだいぶ経ちますが、残り何年だからどうという感じでは気になりません。サラリーマンを終えてもその先も人生は続き、その先のやりたいことへすべてつながっていきますので。いずれにしてもできるかぎりやれることをやって、将来につなげたいと思っています」。

目先のことが気になって、特に忙しいときは未来志向になることは難しい。しかし、それでもふと未来について思考を巡らせ希望を感じたとき、自然と力が湧くような経験が読者の皆さんにもあるだろう。これがたまたまではなく、意図的にできれば「強化」のよいサイクルを回すことが可能となる。期待を超えるミドルマネジャーの多くが持っていた「未来志向」の根底には、それぞれのウェイをベースに意識的に未来を考えようとする「強い意志」があったことを付言しておく。

第5章

7人の事例に学ぶ ミドルマネジャーの自己変革力

CHAPTER 5

事例1

「やりきる」ことで次のチャンスが巡ってくる

キリンビールマーケティング　広域法人支社　広域法人2部　担当部長
早坂めぐみ

■プロフィール
1967年北海道生まれ。実家は父親が脱サラで始めた酒屋で、酒造メーカーを身近に感じながら育つ。1990年小樽商科大学商学部卒業後、キリンビール株式会社の北海道初の女性営業職として赴任、その後首都圏の営業サポート部門を経て、女性顧客の声の活用を目指したマーケティングのプロジェクトであるキリンビアジェンヌ、社内風土改革を目指したV10推進プロジェクトの専任として、ビジョンを核としたグループ一体化と現場力向上に従事。2013年から、キリンビールマーケティング株式会社広域法人統括本部にて法人向けの営業担当に。一方でコーチングの資格を取得し、社内外でその導入や啓発にも積極的に努めている。

▼この事例のポイント

早坂めぐみ（以下、早坂）は、キリンという大きな組織の中で一貫してキャリアを積んできた。就活時の思いをかなえ、どんな環境にあっても仕事に意義を見出し、成果を出し続けてきた。しかし早坂は、明確なキャリアプランを持ち、進む道を選択してきたわけではない。その時々の環境の中、最大限の努力をした結果として、新たなステージが用意され、自らの道を拓《ひら》いてきた。その根底には、どんなときにも「やりきる」、「100％以上でお返しする」という早坂のウェイがある。早坂は活躍の幅を広げる中でも、今までに出会ってきた人への感謝、周囲を巻き込んでいく朗らかさ、「教えていただく」という謙虚な姿勢を変えることはない。

仕事に対して、常に自己成長を求め、足りないスキルを身につけ、さらに実践で磨きながら、隙間を埋めていく。現状と課題との隙間を成長の伸びしろと捉え、ワクワク感を持ち挑戦することができる。そんな早坂が実践する当たり前のことの繰り返しから、期待を超えるマネジャーであり続けるためのポイントを学ぶことができる。

大学時代　価値観の醸成

早坂は仕事において、「やりきる」ということを非常に大切にしている。その思いを持つに至るエピソードとして、大学時代の「弓道部退部」という挫折を挙げる。早坂は札幌の高校を経て、小樽商科大学に入学。大学では弓道部に入部した。「弓道部では、礼儀をみっちり叩き込まれ、上下関係の大切さを教えてもらいました」。体育会の部活動で、他人との関係をつくることを学んだ早坂だったが、先輩部員との徒弟制度的なものがあり、それが大きなプレッシャーとなり2年次の後半で退部したのだ。「クラスも忙しく、体力・メンタルともにつらくなり、十二指腸潰瘍になってしまいました。それ以上部活を続けることは無理でした」。根が真面目で、こつこつと物事に取り組んできた早坂にとって何かを途中で投げ出すことは大きな挫折となった。しかし、その経験がその後の人生において何ごとも「やりきる」という柱となったのだ。

退部後はごく普通の大学生活を送った。就職活動の時期はバブル経済の真っただ中で、学生に人気なのは金融機関であったが、早坂は流通系とＩＴ系、メーカーの入社試験を受けた。「キリンビールの面接を受けて、入社したいと強く思ったんです。懐の深さがあり、お会いした人がすばらしかった。内定が出た時点ですぐに入社を決めました」。家業の酒屋にはメーカーの営業担当が出入りをしており、父はキリンの営業は他社よりも魅力的だとほめていた。さらに千歳市にはキリンビールの工場があり、キリンは早坂にとって小さなころから身近な存在であったことも、入社を決めた一因となっている。

社会人1年目～10年目　北海道支社勤務　営業への配属

入社後、早坂は地域採用（勤務地が北海道に限定される採用の枠）で、北海道支社に初の女性営業担当として配属された。全員年次が上、営業担当全員が男性という環境の中、社会人としてのスタートを切った。営業として早坂が気をつけていたのは、「いかに相手の懐に入るか」であり、この考えはその後の早坂の根底になっていった。その手法は社内の手厚いオンザジョブトレーニングで体得し、当時言われたことは今でも鮮明に思い出せるという。

例えば、「〝キリンさん〟ではなく、〝早坂さん〟と呼ばれることが、非常に大切」、「まず人を好きになりなさい、自分を好きになってもらいなさい」、「信頼感のないところに商売は生まれない」など。自分が何もできないことを嘆くのではなく、できるようになるためにどうするかを懸命に考え、人に教わりながら能力開発を行うことが大切であるという持論が、このころ芽生え始めた。

早坂はこうも語る。「酒類業界は古い慣習もあり、女性の営業担当に慣れず嫌がられるなど苦労もしました。一方で北海道はオープンな土地柄だったので、お客様から〝よく来たね〟と言われることも多かったです」。早坂は、先輩の教えを守り、まずは自分を好きになってもらって、それからキリンの商品を買ってほしいという想いで働いた。苦手な得意先もあったが、あえて怒られに行った。「苦手だと思わないで行くと、だんだん変化が見えてきて面白くなってくるんです。前回は、口をきいてくれなかったのが、今日は一言、二言の会話になったりする。そんなことを楽しんでいました。もちろん、失敗もありました。でも、あきらめない。途中でやめたくない、やりきりたい、与えられたことは100％以上でお返ししたいという思いでやっていました」。

何度もお客様のところに足を運ぶことで、早坂は信頼を積み上げていったのである。この姿勢は、約20年後にキリンV10（詳細は後述）の仕事で北海道の同じエリアを担当することになる営業担当者が「今も当時の早坂さんのことを言われます」と言うほどのインパクトを相手に残していたのである。

早坂は3年の営業経験の後、1992年の結婚を機に営業サポートの内勤部門に異動した。営業企画、マーケティングなど幅広く、あらゆる仕事をさせてもらったという。この職場では新商品の欠品調整に明け暮れていた。新商品が発売されても、欠品が多く、その際の社内の在庫割り当ての調整に苦労したのだ。「メーカーとしては欠品してお客様に迷惑をかけることが最も大きな問題なんです。社内でいかにうまく調整するかに腐心していました。調整能力が自然とついた時期だったと思います」。

その後、早坂は離婚を契機に、2001年に北海道の地域採用のコースから全国転勤型へとキャリアチェンジをした。当時は、入社3年目で女性社員の半分が辞めるような時代だったが、10年のキャリアを積んだ早坂には、北海道ではやるべきことをやりきったという感覚があった。次のステージへの意欲が芽生えていた早坂は、楽で安定した道よりも、高い壁を乗り越えるという困難な道を選択したのだ。成長を求め、全国転勤型のキャリアを自ら選択し、新たな一歩を踏み出したのである。

大学時代～社会人10年目までのまとめ

▼この時期に得た能力・知識・精神力（スキル）

- 社会人としての基礎スキルと酒造メーカー社員としての知識、営業ノウハウ
- 「相手の懐に入り込む」ための度胸と行動力
- 周囲から教えを乞い、素直に学ぶ力

【得られた持論】

- できないことは恥ずかしいことではない、できるようになればいい。

▼この時期に抱いていた・湧いてきた想い（ウェイ）

- キリンという最終消費財メーカーで働きたい。
- 営業として接する取引先や社内の人間に対して納品責任を全うし、１００％以上でお返ししたい。

【得られた持論】

- 自分の周囲すべてに対して、１００％以上の貢献をしていけば、自分の成長と新たなステージが見えてくる。

▼この時期に直面した周囲との軋轢や試練とその克服（ギャップ）

・自らの知識のなさ、初の女性営業担当としての軋轢、社内の利害関係の存在などを周囲からの協力と日々の能力開発で補っていった。

【得られた持論】

・素直な態度で周囲を巻き込み、自己成長させれば、どんな状況でも必ず対応できる。

社会人11年目～18年目　首都圏への異動　マーケティングへの抜擢

２００１年首都圏の営業サポート部門へ異動した。早坂にとってはまったく新しい仕事だった。最初は怖かったが、知らないことを知る喜び、飛び込むワクワク感があったと当時を振り返る。対象にするマーケットが大きくなった結果、北海道時代に小さな市場で業務のすべてを担当していたのとは対照的な、細分化された業務を担当することになった。

早坂自身は持ち前の「１００％以上でお返しする精神」で頑張っていた「つもり」であったものの、当時の上司から突然「今の早坂は、能力を使いきっていない（やりきっていない）」と指摘された。この言葉は、早坂が大切にしていたウェイを否定されるものでもあり、その後にも大きなインパクトを与えた。やりきっていない人のところには次のチャンスがこないのだ。頑張っていたつもりでも、全力で仕事をしていないことを見透かされていた早坂は、自分自身の仕事観を振り返らざるをえない状況に追い込まれ、悩む時期がしばらく続いた。「見ている人は見ている」。こんな言葉が早坂の頭の中を廻った。

そうこうしている間に2年が経過した2003年、早坂が「ここがキリンの中で人生を変えた活動」と言う転機が訪れた。ビアジェンヌという、女性の消費者に直接的にマーケティング活動を行うチームへの配属を命じられたのだ。通常キリンビールの営業は主に流通企業を対象としているため、ビアジェンヌはかなり特殊な部隊だった。「上司に呼ばれて、相談されて、ワクワクしたのを覚えています」。実際にビールを飲む最終消費者にダイレクトに関われることへの高揚感があった。ビアジェンヌの活動は、キリンファンが集うインターネットの一般には公開されていないサイトを使ったマーケティング業務で、顧客を囲い込み、メールマガジンを発信するといった活動が中心で、お酒に興味のある女性に喜んでもらい、ファンを増やし売上に貢献することが目標であった。

立ち上げ当初は、社内で存在意義を疑問視されていた。対流通企業の営業がメインのキリンビールで「そんなチームつくってどうするの?」、「メールマガジンやウェブサイトをつくりたいって何?」と厳しいコメントが寄せられることも少なくなかった。「売上に直結しないプロジェクト、中長期的な視点で見てやり続けることが受け入れられにくかったのです」。そこで、早坂は、この組織を活用して欲しいというメッセージを徹底して周囲に発信することにした。例えばイベントを開催する際には、社内の既存部署にとってのメリットを訴求して回った。また、何か依頼があった場合には、「私に言ってくれてありがとう」、「はい、喜んで」の気持ちで受けることを心がけた。そうして、だんだんと存在意義が理解され始めると、仕事が広がっていった。

このプロセスの中で、早坂自身は、今までのコミュニケーションスタイルの限界を認識し、営業時代から培った対人スキルを変化させ始めた。早坂は、当時の自分を「ブルドーザー型」だったと評している。やりたいことのために突っ走る、なぎ倒す。進みを止める上司は中抜きをして、直接その上のトップに相談する。しかし、たった4人のビアジェンヌでは何もできない。必然的に「私達を活用してください」というコミュニケーションとなり、何をするにしても、使う側のメリットを訴求していた。早坂はボトルネックには「突破型」、協力者には「適応型」という2つのギャップを乗り越える技を身につけたのだ。

また仕事への取り組み方についても、大きな転換があった。ビアジェンヌは最初の半年で結果が出なければ解散すると言われていた。それまで営業として、与えられた仕事でいかに成果を出すか、やりきるかを考えていた早坂だったが、ビアジェンヌは何もないところから始まったため、新しいことを生み出す力、やり方が必要だった。早坂は「決まったことが何もない中で、企画を考えて具現化していく日々でした。この企画で本当にファンになってくれるか、お客様視点で毎日考えていました」と振り返る。状況に適応し、力を発揮し自らの成長を実現する早坂の姿勢が見てとれる。

仕事観にも変化があった。お酒を扱う仕事が、最終消費者の人生を豊かにする仕事だと改めて実感したのだ。先にも記したが、メーカーであるキリンからすると、直接のビジネスの相手は流通企業が中心となるため、社員としては最終消費者の喜びにはなかなか思いが及ばないという構造的な課題がクリアになった瞬間でもある。「お客様から教えてもらうことが多いんです」。顧客の生の声を拾い上げ、社内で役立つようフィードバックすることが、お客様と深くつながっている実感を早坂に与えていた。学生時代に抱いた「一般消費財の仕事がしたい」という思いが、顧客にキリンのファンになってもらうことを突き詰めることで実現し、やりきった感一杯の5年であった。

早坂は2008年に「V10推進プロジェクト」へと異動した。その後しばらくしてビアジェンヌは、公式のプロジェクトとしての役割は終了したが、当時の顧客や当時のスタッフが自主的に幹事になり、イベント的な試みは続いているという。今も早坂には声が掛かり、できる限り参加しているという。早坂が周囲の懐に深く入り込んでいたことが窺える。

社会人11年目〜18年目までのまとめ

▼この時期に得た能力・知識・精神力（スキル）

・ゼロから何かを生み出し、周囲を巻き込みながら仕事を進める力
・相手の立場に立ったコミュニケーションの方法

【得られた持論】

・相手によって、必要に応じてコミュニケーションスタイルを根本的に変えなければならない。
・未知の業務でも周囲から謙虚に教わる姿勢があれば、やりきることができる。

▼この時期に抱いていた・湧いてきた想い（ウェイ）

・どんな環境であってもやりきっていない人のところには次の仕事がこないという感覚
・顧客の生の声をきちんと社内にフィードバックしたい。

【得られた持論】

・「つもり」では通用しない。見ている人は見ているので、本当に１００％以上でお返しをしないと次のチャンスは巡ってこない。

・「お客様から教えていただく」ことが、自社ブランドの成長につながる。

▼この時期に直面した周囲との軋轢や試練とその克服（ギャップ）

・ビアジェンヌ業務、役割を理解しない周囲との軋轢、自分たちの持つ業務リソースの少なさを周囲を巻き込むことで克服していった。

【得られた持論】

・すべて自分の力で突破型でやるのではなく、コミュニケーションスタイルを使い分け、うまく周囲の自発的な行動を促しながら仕事を進めることでより大きな目標を達成することができる。

社会人18年目～現在　早坂は　本社企画部～法人営業　社内変革の推進

２００８年３月、早坂は「Ｖ10推進プロジェクト」へと異動した。「Ｖ10推進プロジェクト」（以下、Ｖ10）とは、キリン全体の組織風土改革のために部門間連携と自立型人材の育成を強化し、現場力を高めることを目的とした社内変革プロジェクトである。「Ｖ」は、あるべき将来像（Vision）に向かい、キリンらしさ（Value）を発揮しながら、顧客から最大支持（Victory）を獲得することを象徴している。また「10」は、10年後も顧客に支持され続ける会社であることを意味している。早坂は営業畑を離れ、全社の風土改革に関わる仕事に携わることとなった。

この新たな業務で、社内の人脈は工場、内勤スタッフにも広がった。営業的な仕事しかしてこなかった早坂にとって、キリンで働く意味をV10により改めて感じることができたのだ。社員との対話を通して、最終消費財としてつくる人、運ぶ人、売る人がいる、その他にもさまざまな機能がつながり、全体のバリューチェーンが構成されているというキリンの全体像に対する実感が持てたという。人の顔が見えるようになり、他の社員が日々どんな思いで仕事をしているかに触れることができたのだ。

しかし、全体を知ったとき、早坂に見えたのはよい点だけではなく、「居心地のいい会社ならではの社内に閉じこもりがちな社員の姿」という側面であった。優秀な人材が本当にやりたいと思っていることを掘り起こし、外にも目を向けてもらうことで、この組織を活性化することができるのではないか。そしてそのためには、より深く相手の懐に入らなければならないと感じ始めていたのだ。

そんな折、上司の松本克彦（以下、松本）に「コーチングの能力は絶対に必要」と勧められたこともあり、コーチングの勉強に本格的に取り組み始めた。「朝6時〜7時のクラスを週3日やって、もしくは会社に行ってから受講するという生活が始まりました。いろいろな職場で働く人たちが本当は何を考えているのかを知りたかったんです。コーチングの技術を身につけることで、少しずつ本当に相手の気持ちを理解できるようになりました。仕事に不慣れなこともあり、相当ハードで会社の近くに引っ越しまでしました」。

このハードワークの大きな支えになったのは松本である。異動当時、V10の専任チームは早坂との2名体制であった。「松本さんに引っ張ってもらっていた」と早坂は振り返る。「松本さんは、決してネガティブ発想をしません。常にロジカルでポジティブなんです。松本さんは、現場を巻き込んでいました」。身近に最上の手本があることは幸せである。早坂も1対1で逃げられない状況の中、懸命に業務に邁進した。「1つ山を越えたら、次の山があるから、ちゃんと越えよう」と松本は早坂に言ったという。「いつも背伸びして、プルプルするくらいが、人が一番成長する」と振り返るように、早坂は当時のスキルを大きく超える仕事を進めていかなければならなかった。

当時のエピソードとして、2008年3月の異動直後、4月に早坂は松本の指示で、500名規模の人の前で講演をしたことがあった。大勢の前で講演をするのもほぼ初めてで、「異動直後で右も左もわからない中、かなりチャレンジングなことをさせてもらった」と振り返る。この経験を通して、「ここで成長しないと、松本さんを助けられない、成長するしかない」と腹をくくることができた。

また、自分の強みや志向と仕事が一致している意味も大きい。早坂には過去の仕事において構築した社内ネットワークが、今の仕事に役立っているという強い実感があった。「心ないことを言われたこともありました。一方で、多くの人がプロジェクトを支援してくれました。毎日、多くの人に会えるのが楽しく、大きなエネルギーをもらって刺激的でした。関与する人が増えるほど、助けてくれる人も増えました。ネットワークが広がると成果が出せます」。早坂の経験知が、V10に携わることで一気に広がっていったのだ。このプロセスを通じて、一緒に働く社員、ずっと愛してくれているお客様を絶対に裏切れない、もっとキリンというブランドを輝かせたいという想いが、日に日に強まっていった。

しかし、現実に目をやれば、当然のことながら社内変革特有の困難も横たわっていた。当時V10は、社員を集め、風土改革のためのさまざまなイベントを開催していたが、会社の公認の行事とはいえ、それに参加するためには、社員は業務を休まなければならなかった。結果的に参加社員に対する各組織の対応には違いが生じた。営業現場にとっては明日の飯の種が大事で、一日空ければ仕事が止まる。せっかく参加しても、所属する組織に戻れば、現実的には変えられることは限られる。さらに、仕事をさぼったかのように思われる可能性もあったのだ。

「イベントに参加して熱を持ち帰ったつもりが、職場に戻って冷めてしまう可能性がありま す。会社を変えたいという想いのある人に『核』になってもらう必要があります。孤軍奮闘にならず、過半数になるまで頑張ってもらわないと。火種として熱を発し続けてもらうので、組織の現場では、熱くなりすぎているがゆえに、煙たがられている人もいたと思います。外野の雑音を気にしていたら、やっていられない部分もあります。しかし、まったく聞く耳を持たない無関心層が増えるのが一番怖い。雑音が聞こえるほうがありがたい、何か聞こえたら、変えるためにはどうしようと考えればよいのです」。

イベントに来て火がついた社員の熱を冷まさないようにするためにも、コーチングが役に立ったと早坂は語る。「いろいろなタイプの人がいて、どういうコミュニケーションをとればよいのかが少しずつわかるようになりました。社長から新人まで、目線を合わせてコミュニケーションできるようになったのです。Ｖ10に参加するまでは、各人が何を考えているのか、どう捉えればよいのか手探りでしたが、コーチングを学んだことで、本当に深い理解ができ、建設的な会話ができるようになったと思います」。

また早坂はビールとコーチングには共通点があるという。それは、コミュニケーションの量と質を高めるのに役立つことだ。「お酒を飲み交わすことで本音を引き出しやすくなります。コーチングの効用と同じです。お酒はキリンの提供価値そのものです。こじつけかもしれませんが、私が身につけたスキルと会社の提供価値が一致しているように感じています」。

２０１３年10月からは法人向けの営業に携わることとなった。酒類メーカーの場合、営業部門の顧客は主に小売店、飲食店の2つの市場があるが、現在の早坂の部署は、第3の市場としての法人企業を強化している。例えば、その会社の公式飲料として、行事などだけでなく、従業員の日常にまでキリン製品を採用していただけるような試みをしている。ここでも早坂は部署員の「懐に入る」ことを考えている。

「一般的に、50歳が見えてくると、人は守りに入ることが多くなります。今の部署には支社長経験者や、シニアも多いのですが、そこでこそできることがあるのではないかと考えています」。また、法人営業の場合、その企業のトップ層との関係構築が重要だが、コーチングを通じて培った社長や会長と話ができる能力が非常に役立っているという。

また、早坂は、キリンの中で社内コーチとしての役割も継続している。「タテヨコナナメのコーチ文化を創ろう！」を掲げ、誰でも職制関係なくコーチとして関わる仕組みをつくるべく奮闘してきた。その取り組みはＮＨＫの番組等でも取り上げられた。実は早坂は、社内で松沢幸一氏（２００９年3月～２０１２年3月キリンビール社長）のコーチを務めていた。社長のコーチを経験したことを早坂は感慨深げに語った。松沢自身も退任後にコーチの資格を取得し、大学生や社会人の成長支援にコーチングを活用しているという。

常に成長を希求し、誰に対しても真摯に向き合い教えを請い、「１００％以上をお返しする」

姿勢を貫く早坂。こんな彼女に多くの人が巻き込まれ、さまざまなプロジェクトがよい方向に向かっていくことには、必然性を感じる。早坂は、これからも新しいチャレンジに挑み、成長していくことだろう。

社会人18年目～現在までのまとめ

▼この時期に得た能力・知識・精神力（スキル）

- コーチングのスキルをもとにしたコミュニケーション能力
- コーチングを通した社内ネットワークの拡大

【得られた持論】

- コーチングで学んだことを基本にコミュニケーションをすれば、タテヨコナナメ関係なく共感を得ることができる。

▼この時期に抱いていた・湧いてきた想い（ウェイ）

- コーチングスキルと会社の提供価値は一致している。
- 自らを成長させ上司の役に立ちたい。
- 自らのコーチングスキルで社内風土改革を推進したい。
- 多くの社員がコーチングスキルを身につけることで、さらによい会社をつくりたい。

【得られた持論】

・コーチングスキルを習得・活用することにより、より深く相手のことを知ることができる。相手に対する深い理解をする人が増えれば、社内風土改革につながり会社の提供価値が向上する。

▼この時期に直面した周囲との軋轢や試練とその克服（ギャップ）

・組織の中における変革に対する温度差をコーチングスキルによりコミュニケーションの質と量を高めていき、味方を増やすことで克服した。

【得られた持論】

・コーチングを基本に会話を重ねて、相互理解を深めることで、必ず物事をよい方向に向けていくことができる。

◆3つの力（スキル、ウェイ、ギャップ）の維持・回復・強化

維持

・さまざまなコミュニティに参加し社内外でネットワークを広げ、人に会って常に刺激を受けるようにする。

・常に自らの成長を希求し、それが普通の状態であると考える。

・自らもコーチングを受け定期的にフィードバックをもらう。

回復

・多くの人とコミュニケーションし、自らを成長させることを通じて回復軌道に乗せる。

強化

・自らの力不足を感じたときには、積極的に学びにいく。
・常にやりきっていれば誰かが必ず助けてくれるし何とかなると信じ、それを基盤に頑張り続ける。
・自分の強みや志向と業務内容、また、自らのスキルと組織の提供価値が一致しているかを自覚する。

事例2

繰り返し取り組んで自らの軸を太くしていく

国内大手機械部品メーカー　ジェネラルマネジャー

牧　浩一（仮名）

■プロフィール

地元の国立大学工学部に入学。同大学院を卒業後、国内大手機械部品メーカーに入社。一貫して生産技術業務に取り組み、モノづくりの仕事に従事する。以降は開発試作という現場部門の課長として、アイデアをすばやく具現化して高速ＰＤＣＡを実現する部門などを担当。現在は、アジア地域本社へ出向し、アジアの最適生産供給体制、モノづくり競争力強化の企画・推進を担当。経営学修士（ＭＢＡ）取得。

▼この事例のポイント

牧浩一（仮名）（以下、牧）は、大学時代の合気道の経験から築いた「繰り返し取り組んで自分の軸を太くしていく」という自己成長の方法を徹底して貫いてきた。常に、「この仕事には、今起きていることには、どんな意味があるのか？」と自らに問いかけ、自分の動機づけを明確にする。これが、成果が出るまで毎日高速でＰＤＣＡを回し続ける、牧の原動力である。

牧は、多様な価値観を持つ人間と本気で仕事をした経験から「人間は一人ひとり違う、それぞれが本気で心の底から思わないと人間は動かない」という持論を形成した。その結果、牧が獲得したのは、相手への意味づけを徹底して考え、そのうえで、まず自らが動くという率先垂範のスタイルであった。

牧は、キャリアに合わせて、自らの想いを大きく成長させてきた。技術者として「モノづくりを通じてイノベーションを興したい」という好奇心、生産ラインの現場で「周囲の助けがないと、自分の力だけでは量産はできない」という自覚、アジア全体を見るグローバルマネジャーとして「この地域のためになることをしたい」、さらに「モノづくり大国である日本が将来にわたって世界中で価値を認められる国にしたい。そのためにも自社を真のグローバル企業にしたい」という決意を持つまでになった。

牧が期待を超えるミドルマネジャーとして活躍する過程には、組織においていかに成長するか、また人を動かしていくかのヒントが詰まっている。

大学時代　価値観の醸成

牧は大学時代に合気道に出合った。「数百人の多様な方々との数千回を超える稽古を通じ、自分の軸を意識して、それを年輪のように太くしていくこと、相手とぶつからずに氣を合わせること、繰り返し愚直に努力することの大切さを学びました」と振り返る。二人一組で技の型を反復する合気道の稽古では、トライ・アンド・エラーを瞬時に繰り返すことができる。これが、仕事でも繰り返し考え、実行し、修正するという一連の活動をすばやく回し続ける現在の牧の行動パターンの基をつくることになったのだ。

社会人1年目～8年目　生産技術開発部　現場の建て直し

国内大手機械部品メーカーに入社した牧は、研修を経て本社の生産技術開発部へと配属された。そこは、10～20年先を見据えて、現場に活かせる技術を選りすぐって生産ラインに投入していく組織だった。牧は、大学で専攻した制御技術に関係する配属先を希望していたが、専門とはまったく異なる配属にも、「石の上にも三年、まずは思いっきり頑張っていこう」と決意したという。

配属後、当時の上司から、足りない知識については「死ぬ気で3日間勉強すれば誰でも専門家だ」と言われたのを心の支えに、猛勉強した。また、量産現場は場数がものをいう世界であり、モノづくりを知るためには量産現場に早く関わりたいと考えていた。そんな牧に大きな転機が訪れたのは、入社2年目のことだった。

牧は、1000個生産しても、出荷できるレベルの良品が3個しか出てこない問題を抱えた生産ラインを立て直す仕事に携わることになった。早速、改善に取り組んだ牧だが、本社の若手の言葉はそう簡単に現場には届かない。工場にほとんど住み込むような激務の中、生産ラインで働くメンバーにとって「この仕事がどんな意味があるか」について、繰り返し、繰り返し話をし、なんとか生産ラインを立て直そうとしたが、現場の社員からは、思うような協力は得られなかった。現場の反応は、「『現場のことをわかってもいない若いやつらが、本社からまた何か新しいことを持ってきたぞ』という冷たいもの」だったのだ。

しかし牧はあきらめなかった。「私にやらせてください」とまず自分から行動を起こすにした。行動したらすぐによい反応が得られるほど入社2年目の社員に影響力があるわけではない。しかし、それを愚直に何度も繰り返すことにより、一人、また一人と「仕方ない。協力してやろう」と協力者が増えていったという。この経験から、牧はまず自らが動くことの大切さを知った。「だって自分が動かずして、相手に動いてください、と言っても伝わらないでしょう。とにかく『先頭に立ってやる意識』を持つことが大事ですよね」。現場に飛び込み、自らやってみるという率先垂範をベースにしたコミュニケーションのスタイルを確立していったのだ。

「本当に現場の人に助けられました。モノづくりの会社ですから、現場が動かないと何もできないんです。だから現場での動きを加味したうえで、上流（生産技術開発）できちんと設計・準備をしないと、生産ラインに落としこんだ際に不良品ばかりになってしまう。こんな大変な経験は二度としたくないと思いました」。一人では何もできないと実感した経験であり、現場と一体になって壁を乗り越えた達成感を得た経験であった。

大学時代〜社会人8年目までのまとめ

▼この時期に得た能力・知識・精神力（スキル）

- 技術開発のための専門知識とその学び方
- 成果を目に見える形にして周囲から認められるアピール力
- 率先垂範で現場に飛び込み、味方をつくるコミュニケーション能力

【得られた持論】

- 自分が動かずして、相手に「動いてください」と言っても伝わらない。逆に、相手にとっての仕事の意味や意義を伝え、そのうえで自らがまず動けば人は動いてくれる。そこには年齢は関係ない。

▼この時期に抱いていた・湧いてきた想い（ウェイ）

- モノづくりの仕事がしたい。

【得られた持論】

- 設計、企画、技術、生産ラインまでみんなの力を結集してこそよい製品を生み出す

ことができる。

▼この時期に直面した周囲との軋轢や試練とその克服（ギャップ）

・仕事の目標と自分が持つスキルや知識の間のギャップを猛勉強と自ら働きかけるコミュニケーションで埋めていった。

【得られた持論】

・良品を世の中に出していくためには、開発から生産現場まで、全工程の人がうまく動けるようにしなくてはならない。そのためには率先したコミュニケーションを密にとることが非常に大切だ。

社会人8年目〜10年目　生産技術部　新規生産ラインの立ち上げ

8年目を迎えた牧は係長に昇進し、生産技術部へと異動した。1つの技術を深掘りしていく前部署とは対照的に、複数の技術をとりまとめ、製品の生産ラインを成立させることが目標となった。生産ラインを成立させるには、各技術の専門家との調整が必須だ。また調整のためには、それぞれが持つ固有技術への理解も必要であった。足りない知識を補うため、牧はとにかく動きまわった。各技術を担当する部署に足を運び、「すみません。教えてください」とひたすらに門を叩いたのだ。

また、この役割を担うためには、技術者としてだけでなく、全体をまとめるためのプロジェクトリーダーとしてのスキルが求められた。「各部門のありたい姿が何なのか、何がそれぞれの部署にとって大切なのかをより強く意識するようになりました」と語る。全体としてうまくいく方法を牧は突き詰めていったのだ。

「まず、現場に行く状況、職場が変わっても牧のコミュニケーションスタイルは変わらない。「まず、現場に行きます。相手にとってどういう意味があるか伝えるのが最初です。そして、それが全体にどういう効果をもたらすのかを話しました」。

牧は、このようなコミュニケーションスタイルをベースに、新たに広がった世界へと飛び込んでいった。1年目は既存生産ラインの改善、2年目は新規生産ラインの立ち上げを経験した。繰り返し現場に飛び込んで、痛い思いをしたが、そのたびに反省して「次の行動から変えていけばよいのだ」という持論を強固にしていった。「自分から動くと、だいたいわからないから痛い思いをします。でも、それでいいんです」と牧は語る。「トライ・アンド・エラーを繰り返し軸を太くしていく」を継続することで、あらゆる困難を確信をもって乗り越えることができるようになっていた。

社会人8年目〜10年目までのまとめ

▼この時期に得た能力・知識・精神力（スキル）

・さまざまな部門を巻き込んでいくプロジェクトリーダーとしての調整力
・プロジェクトに必要な専門外の技術知識
・ゴールのイメージを伝える力

【得られた持論】

・繰り返し、自ら動き続ければ、異なる立場や仕事になっても人を動かすことができ、自分も成長できる。

▼この時期に抱いていた・湧いてきた想い（ウェイ）

・「まず現場に行き、相手を理解する」ことから始めるトライ・アンド・エラーを続けることが大切だ。

【得られた持論】

・立場の違う人が持つ、それぞれのイメージを大切にすることが、全体の利益につながる。

▼この時期に直面した周囲との軋轢や試練とその克服（ギャップ）

・各部門の主張とプロジェクトのゴールの差を「ありたい姿」として語ることで乗り越えた。

【得られた持論】

・ありたい姿を明確にすることが大切で、それを共有できれば人は動く。

社会人11年目〜13年目　生産技術本部　公私にわたる転機

10年というキャリアの節目を終えた年、技術者として一人前となった牧に、4つの大きな出来事が起きた。

1つ目は異動である。牧は、再び生産技術開発部へと戻ったのだ。異動当時はリーマンショックと重なり、製造業は窮地に立たされていた。牧の所属する大手機械部品メーカーでも残業時間の短縮が推奨され、しゃにむに走り続けてきた牧にとってエアポケットのように時間が空くこととなった。もちろん苦しむ業界に対する危機感もあった。「ひととおり、モノづくりは現場で経験してきた。けれどそれだけでは会社をグローバルに変えられないのではないか？　より深い力を身につけないといけない」と、危機感を覚えた。

そして牧は、2つ目の大きな出来事であるビジネススクールへの進学を決めたのだ。「技術の世界しか知らなかったところから、ビジネスの世界を知るきっかけになりました。2年の間に異業種の友人もでき、大いに刺激を受け、モノづくり以外の知識もたくさん学びました」。

3つ目は子どもだ。同じ時期に牧は子宝にも恵まれた。子どもの存在が、社会や未来に対して考えを深めるきっかけとなり、「子どもが20歳になってもこういうモノづくりの会社が残っているのだろうか？」という想いを抱くようになった。

さらに、4つ目としてこの時期に自社の中長期の経営計画を立てることを目的とした、若手社員主体の経営勉強会にも参加するようになった。自主的に行われた勉強会であったが、社長や役員の前で成果を発表するものであった。今まで会ったことのない社員との出会いは、会社の未来を考えるきっかけとなったのだった。

社会人11年目〜13年目までのまとめ

▼この時期に得た能力・知識・精神力（スキル）
・ビジネススクールで学んだ経営スキル
・異業種との交流を深めて広がった視野

【得られた持論】
・技術者としての専門性だけでは突破できない課題があり、多様な能力を身につけなければならない。

▼この時期に抱いていた・湧いてきた想い（ウェイ）

・子どもを通して仕事、会社、社会の将来を自ら創っていかなければならない。

・技術以外のことも学び、会社の将来を考えたい

【得られた持論】

・仕事や会社、社会の将来は自ら創っていかなければならない。

▼この時期に直面した周囲との軋轢や試練とその克服（ギャップ）

・自社の置かれた状況に対する危機感を、社内外での交流やプライベートで起きた変化に合わせて都合よく意味づけし、視座を高めて適応した。

【得られた持論】

・自分に起きた変化と与えられた仕事をつなげて意味づけをすれば、どんな状況でも視座を高め、新たな展望を見出すことができる。

社会人14年目〜16年目　試作部　モノづくりの現場の意識改革

牧は課長に昇進し試作部へと異動した。モノづくりにおいて、組織としてイノベーションを起こすことが求められた。試作部は「アイデアをすばやく形に具現化して、それをもとに改善を加えレベルアップして、高速ＰＤＣＡで開発を推進するキーとなる部署です」と牧は言う。

試作部はアイデアを実際に目に見える形にして、全員で共有しながら議論をしていくことがミッションだ。牧の勤務する会社には、開発プロセスに独自の手法があった。例えば、異なる専門性や経験を持つ人が集まり、それぞれが思いついたことをアイデアシートに書き込んで皆で検討する。そして皆で考え出したコンセプトですぐにプロトタイプを作るというものだ。頭の中にあるコンセプトをすばやく形にして有効性を試す。手を動かしながら考え、工夫するというサイクルをとにかく速く回すのだ。

牧は、職人肌のベテラン技能者から10～20代の若手まで、価値観も技術も多様な50人ほどを束ねる課長として、このプロセスを回す中心人物となった。課長といっても、牧自身が年齢では下から数えたほうが早い若手の部類であり、これまでよりも幅広い層とコミュニケーションしながら、彼らを巻き込んでいくことが求められた。

「理解する力と伝える力。それが身につけたスキルのような気がします。多才なメンバーの中で、みんなの想いを1つにして、大きな力にするためには、ミッション、ビジョン、アクションを繰り返し伝え、浸透させることが大切です」と牧は語る。そのうえで、課長として部下を動かすゴールを伝えるときは、言葉選びにまで細心の注意を常に払ったという。

さらに牧は、より個々人に寄り添っていった。「人により状況は異なります。各人の話をよく聞き、行動をよく見て、何を考えているのか、仕事で行き詰まっていることはないか、プライベートな困りごとはないかなど、相手の状況をしっかりと理解することに徹しました」。そして「質も大事ですがそれよりも量が大事です」と、毎日現場を歩き回りながら、コミュニケーションに徹しました。休日出勤してくれるメンバーに差し入れをして労《ねぎら》い、接点を多くすることを心がけた。「当時は、毎日2万歩（約15㎞）ぐらい工場を歩き回って、コミュニケーションをしていました」と語るように、汗をかきながらコミュニケーションを重ねていったのだ。

牧はこの時期、「課長というポジションが、現場の人間にとって、直接話ができる人事権を持った人だという使命感を持って仕事をしていた」という。これを自分の仕事への意味づけとして、エネルギーを維持していた。「自分の仕事にしっかり意味づけができないと、自分の中のエネルギーも枯れてしまいます。日々うまくいくことばかりではありません。失敗も、コミュニケーションのミスもします。こうすればよかったと思う日もありました。けれど、やってしまったことを振り返って、こういう成長のためにはよかったと意味づけて血肉にするサイクルを高速で回さないと、自分の中の年輪が太くならないんです。振り返りは、1000回〜2000回でも、繰り返しやっていました」。

部下からの信頼獲得という壁を突破した牧だったが、次はイノベーションを起こすことにメンバーの気持ちを向けさせるという壁が待っていた。しかし、この壁をも、牧は突破していく。

「新しいアイデアに対しては、実績がない、うまくいく見込みがないなどのネガティブな意見も当然出てきます。そんなときこそ、完璧でなくてもいいのでアイデアを形に具現化して、実際にその現物を見ながら議論することが重要だと感じました」と牧は語る。目指したのはモノづくりで連帯した強い組織であった。

「みんなモノづくりが大好きなんです。僕ではなく、実際のモノと対面すると、その問題点も具体的になるし、解決のアイデアも言ってくれます。そして、協力してくれることにもつながります。これがモノづくりの醍醐味です」。相手ではなく、解決しなければいけないアイデアに対峙する。そうすれば、意見の対立ではなく、同じ問題を解決する仲間になれる。共感も生まれる。

技術者としてスタートした牧は、「最初は、誰もやったことがないことを実現したいという好奇心で働いてきた気がします。でも、試作部にいた時期は、アイデア・構想・技術が実際のモノやラインとしてできあがることの面白さ、仲間のみんなと一緒になって事を成し遂げていくことの達成感を強く感じていました。モノづくりの仕事ってすばらしいと、経験を重ねるたびに強く感じるようになりました。今では、技術や技能によるモノづくりの仕事で、一緒に働く仲間、地域社会、将来の子どもたちの世代に、少しでも貢献できたらと思っています」。牧の軸は、明らかに太く変化してきたのである。

社会人14年目～16年目までのまとめ

▼この時期に得た能力・知識・精神力（スキル）

・周囲のアイデアを具現化させるノウハウ
・自分の常識や価値観とは異なる相手であっても、理解し伝え、そのうえで相手の考えを引き出す幅広いコミュニケーション能力

【得られた持論】

・技術者同士、モノを介し具体的な議論を重ねていけば、成果を出すことができる。

▼この時期に抱いていた・湧いてきた想い（ウェイ）

・誰もやったことがないこと、新しいモノを実現したいという好奇心
・同じ問題意識を持つ仲間と共感を持ってモノづくりをする。

【得られた持論】

・1人ではなく、組織としてモノづくりをする方がすばらしい。さらにモノづくりを通して、もっと社会に貢献できる。

▼この時期に直面した周囲との軋轢や試練とその克服（ギャップ）

・変えたい自分と変えたくない周囲との意識差を、コミュニケーションの量によって

埋めていった。

【得られた持論】

- どんな相手でも、その人自身が意味を見出せるようにすれば、同じ問題を解決する仲間になれる。

社会人16年目〜現在　アジア地域本社出向　海外生産拠点の立ち上げ

牧は海外子会社への出向という新しい節目を迎えた。アジア地域本社の生産企画を行うため、アジアのとある生産拠点へ赴任した。生産におけるアジア地域での共通課題を解決するための全体戦略の立案が牧のミッションだ。例えば、アジア地域における大規模な工場自動化計画があれば、その最初の核をつくるのが、牧の仕事である。この異動について、牧は「うれしい異動でした。いずれ海外に行きたいという想いはありましたし。面白くするしかないと考えました」と語る。

牧はまず、文化の壁を乗り越え仲間をつくるべく、いつものように現地スタッフの中に飛び込んだ。「人材育成の根幹は万国共通ですが、そもそもライフスタイルや宗教観、仕事観が違うため、相互理解がすごく大事です。違うことは悪いことではなく、違いを認識したうえで、自分がどう行動するかが大事だと思います」。日本でのやり方はそのまま通用しない。「自分の常識がすべてではないと気づきました。そう考えると、少しずつですが、違いを受け入れられるようになってきました」。

働く国は変わったが、牧のコミュニケーション手法は一貫していた。「やっぱり、そこで働いている人たちの思っていることとか、目指していることを理解して、その人たちが共感できるようにしないといけない」と、意味づけを重要視している。加えて「日本では特に言う必要のないようなことも、語る必要があります。例えば、何かを指示する際、なぜそれをやらなければならないのかを、彼らの文脈に結びつけて説明する必要があります。現地の人に響くようなエピソードを自分なりに考えていかないといけません。それから、厳しく言っても、短期的には動きますが、長期的には動かない。いざというとき動かないんです」。

「海外で家族とともに生活もできて、本当にありがたいことです。少しでも、この地域のためになることをしたいと強く思うようになりました。成長著しいアジア。若くて活気に溢れるアジア。この流れの中に身を置き、熱さや変化のダイナミズムを実感し、仕事をするチャンスをいただけたことに、本当に感謝しています」。

インタビューの最後に、牧は自社の文化についてこう語った。「支えあいながら全員が全力で前進するという会社と社員が大切にしている価値観が浸透しています。風通しよく、上司や他部署の方とも自由闊達に物を言い合うことができ、社員全員が知恵を結集して事にあたる風土があります。このような職場で働く経験ができたことは自分自身の成長に大きく影響しています。生産技術の人間が尊重して活かされていると感じる会社。生産技術はどちらかというと地味な仕事ですから、世の中では珍しい会社かもしれません」。

技術者から、まさに期待を超えるミドルマネジャーに成長してきた牧にとって、自分と会社の方向性の合致は、今後もきわめて大きな意味を持つに違いない。「モノづくり日本が将来にわたって世界中で価値を見出せる国にしたい。そのためには自社を真にグローバルな企業にしなければ」と牧はアジアの地で語った。

また牧は、自らを「才能があるタイプではなく、愚直に頑張るのが自分の能力」と評した。さまざまなキャリアを経てきたが、牧の行動は一貫している。置かれた状況において、失敗と成功を繰り返しながら、ひたすらに自らの軸を太くしているのである。そしてそれは、これからも変わらないだろう。率先垂範で現場に飛び込み、そこにいる人々と寄り添い、どんな環境になったとしても、牧は期待を超える成果を上げ続けるに違いない。

社会人16年目〜現在までのまとめ

▼この時期に得た能力・知識・精神力（スキル）

・多様性への理解の深まりと、文化を乗り越えて長期的に人を動かすためのコミュニケーション能力

【得られた持論】

・コミュニケーションの基本はどこでも同じである。違いを受け止めることが大切だ。

▼この時期に抱いていた・湧いてきた想い（ウェイ）

・今自分がやるべきことはアジア全体の発展に寄与すること

【得られた持論】

・アジアの現地で働いている人たちの思っていること、目指していることを理解して、その人たちが共感できる状況を創らなければならない。

▼この時期に直面した周囲との軋轢や試練とその克服（ギャップ）

・日本と海外の間にはさまざまなカルチャーギャップがあるが、相手に意味合いを見出させ、共感してもらうことで克服した。

【得られた持論】

・自分の常識がすべてではなく、あくまで1つの側面にすぎない。
・海外であっても、その人自身の意味を見出せば、同じ問題を解決する仲間になれる。

◆3つの力（スキル、ウェイ、ギャップ）の維持・回復・強化

維持
・日本の頑張っている仲間の存在が自分を奮い立たせてくれる。バイオリズムであり、モチベーションが停滞しそうなときには、仲間と話して元気をもらう。
・失敗して落ち込んだときは、移動時間の間に内省して、自分の行動と結果を受け入れ、自分の中で次の糧として意味づけする。

回復
・割り切って仕事から離れて、家族や友人と思いっきり遊ぶ。オンとオフの切り換えを意識する。

強化
・何が起きても、全部都合よく肯定的に意味づける。
・自分の仕事が社会のためにどうつながっているのか、エネルギーが出るまで再定義する。
・異動先や赴任先でも学びを共有できる仲間を作る。

事例3

「読者に喜んでもらいたい」という想いを形にする

女性誌編集長　鈴木裕子（仮名）

■プロフィール
エンジニアの父と専業主婦の母の長女として育つ。大学在学中は4年間、ボランティアで障害者の外出サポートを行う。卒業後は出版社に入社、女性向け生活情報雑誌の編集に携わる。自身で企画した雑誌を立ち上げ30歳で最年少編集長となる。その後赤字雑誌の再建を担いながら在職中にＭＢＡを取得。現在は新雑誌を立ち上げ、編集長として自社の看板雑誌へと成長させるべく奮闘中。

▼この事例のポイント

鈴木裕子（仮名）（以下、鈴木）は、雑誌という媒体を通して読者の生活を豊かにすることに全力で取り組んでいる。鈴木の頭の中には常に読者がいる。「読者に喜んでもらいたい」との想いから、エネルギーが湧き、アイデアが生まれる。両親には厳しく育てられたが、その経験は「抑圧」ではなく「強さ」として鈴木の人格の基礎となり、どんな状況をも乗り越える力となっている。

鈴木は、想いを形にすることに打ち込める現場と、1人よりもチーム力を結集してそれに取り組むことができるミドルの仕事を心から楽しんでいる。「出世という遠い未来」よりも「最も大切なこと（読者）のためにベストを尽くす現在」を大切にする姿勢から、ミドルマネジャーが自身の仕事と向き合うための気づきが得られるはずだ。

幼少期〜大学卒業まで　価値観の醸成

「本が大好きで、本を読んでいると大人しくしている子どもでした」と話す鈴木は、本に囲まれて育った。学校の図書館の本も近所の本屋にある子どもコーナーの本もほとんど読破してしまい、小学生のときに作家別の文学全集を、フリガナ付きの原文版で読破していたほどの本好きだった。

そんな環境を用意したのは鈴木の父である。ただ単に読ませるだけでなく感想文を書かせた。本が2週間に1冊届くサービスを契約し、鈴木はそのペースで本を読み感想文を書いて毎週父親に提出していた。そしてその感想文は「具体性がない」、「結論から言え」、「これはただの引用だ」、「一貫性がない」などのコメントで真っ赤に添削されて戻ってくる。

「夏休みも勉強のスケジュールを立てさせられました。テストの点数も95点だとダメ出しされます。当時はただただ怖い人という印象でした」と父親のことを振り返る。

とはいえ結果的に、鈴木は中学校に上がるまで塾には行かずとも常に成績はトップクラスだった。一定の時間制限の中で本を読み、感想を文字に起こし、それが大人目線で容赦なく添削されて戻ってくる。このプロセスは違う科目でも応用され、独自の学習スタイルとなって学力を向上させたのだ。

鈴木は、父の影響で初めは理系を目指していたが、次第に文章を書くことへの興味が大きくなり、大学は文学部に進んだ。そして在学中に何か意味のあること、社会に役立つことをしたいと考えて市役所に相談に行った際に紹介された、障害のある人の外出をサポートするボランティアをきっかけに「世の中にはまだ知られていないことがたくさんある」と強く感じた。このことは文章を書くにしても物語ではなく、知るべき・知られるべき情報をより多くの人に届ける文章を書きたいとの想いにつながっていった。そしてジャーナリストを目指すと決め、就職先はマスコミを志望した。

就職活動では第一志望の新聞社からいくつか内定を獲得するが、最終的には第二志望で受けていた出版社を選んだ。もともとの志望とは異なる選択になったが、新聞社の面接では当時まだ強かった男性社会のやりにくさを感じる一方、いろんな人がいて女性も活躍している出版社の雰囲気が自分に合っていると判断したのだった。かくして鈴木は、出版社にて社会人としての一歩を踏み出した。

社会人1年目〜7年目　住宅雑誌編集部　企画誌の立ち上げ

実家を離れて上京し、何もかもが新しい環境の中でひとり暮らしを始め、自由さに気持ちが弾む一方不安も抱きながらの社会人スタートだった。

入社してまずは富裕層向け住宅雑誌の編集を担当した。初めて任された仕事は、雑誌読者へのプレゼント企画用に、花の種を木の枝から手作業で集めて袋に詰めるというものだったが、単純作業をばからしく思うことはなかった。実家を出るときに、父から受けた「どんな仕事でもきちんと最良の仕事をしなさい」というアドバイスがあったからだ。

コピーをとるにしても、きちんと見やすい方向に揃えて確認し、すばやく持ってくるのか、ただ単に持ってくるだけなのか、そんな単純な仕事でも大きな差がつくんだよ、そんなアドバイスだった。

この「最良の仕事」を心がけ、種を袋に詰める作業も「一つひとつの袋に葉っぱのカスや木の皮などのゴミが入らないようていねいに種をとって、見た目もきれいに、数も間違えないよう気を配りました」と振り返る。新人に任される仕事は雑用が多かったが、楽しくできたのはこの父親の言葉のおかげだった。そして徐々に読者のお便りページやショップの取材を任されるようになっていった。

鈴木の選んだ出版社は住宅分野に強かったが、あるとき上司から若い女性向けの企画がほしいと言われた。ちょうどその層に向けた雑誌がなく、同世代の鈴木の企画力が期待されたのだ。「若い女の子でも財布に無理なく狭い部屋にもぴったりくるようなインテリアを紹介する雑誌があるといいな」と考えた鈴木は、自身の思いも込めて企画を提案した。そして見事、まずは1回限りの企画誌としての発刊が決まる。鈴木は25歳で一からの雑誌立ち上げの機会を得た。日々感じていた等身大の想いを形にする内容でもあり、当時そのような雑誌が他にはなく、多くの読者から反響を得ることになる。

「今でも覚えていますが、4月の初めの土曜日が発売日で、週が明けてオフィスに行くと読者からのファクスがたくさん届いていたんです。『お金がないのであきらめていましたが、すてきな部屋にできる気になれました』、『他のインテリア誌は手の届かない部屋ばかりですが、自分と同じような人たちの暮らしを見ることができて参考になりました』といった反響で、こんなに人の役に立てるなんてすばらしい、と心から思いました」と話す。

鈴木は〝読者〟の存在をリアルに感じ、〝読者に喜んでもらいたい〟と強く意識するようになる。頭の中には常に読者がいて、読者のためにどれだけ役に立つ情報を届けられるか、が鈴木にとって揺るぎないウェイとなる。そしてこのウェイはこの先もずっと鈴木の指針となる。

1号目に続き半年後の2号目も順調だった企画誌は、正式に年4回の季刊誌に格上げされ、鈴木は編集部の中でその季刊誌専任の副編集長となった。そして責任を背負うことで直面する試練も訪れる。

まず1つ目の試練は自身のリーダーシップについてである。

鈴木の下にはスタッフが4~5人つくようになるが、その働きに物足りないと思うことも多く、いら立ちを感じれば感じるほどスタッフには厳しい態度となった。スタッフと溝が深まる中で、鈴木は別の部署の先輩に相談を持ちかけたところ、こんな言葉をかけられた。

「スタッフは君の分身ではないよ。君にないものを持った、新しいアイデアを出してくれる存在だよ」と。

この言葉で自身の視野が狭かったことに気づき、鈴木はリーダーシップを一変させる。「当時の自分は単に雑誌が売れたから副編集長になっただけで、リーダーの資質があるからなったわけではなく、スタッフの扱いもすごく下手だった」。先輩の言葉を噛みしめたとき、スタッフの存在は「悩み」ではなく「可能性」に変わり、鈴木の中でパラダイムが転換し、リーダーシップスタイルを転換させたのだ。

その後チームのコミュニケーションも円滑になったが、また別の試練が訪れる。「上層部の会議に呼ばれ、順調に売れていた雑誌が実は赤字で、2号以内に黒字化しなければ廃刊になると告げられました。実質的にはもうほとんど廃刊が決まっているような状況でした」。

鈴木は、さすがに「もう終わった」と落ち込むが、想いのこもった誌面であり、それを待つ多くの読者を思うと絶対に廃刊にはできないと気持ちを立て直した。どうしたら赤字を食い止められるかを考えるため、経理に通い詰めて数字の見方を勉強する。赤字を指摘されながらも出てくる単語がほとんどわからなかったと言う鈴木は、当時の経理担当者に頼みこみ、お金がどう流れてどのような状況にあるかを把握できるようにと特訓を受けたのだ。

そして数字を見て広告の売上を上げなくてはどうしようもないと判断した鈴木は、「そのときは無我夢中でした」と振り返る大胆な行動に出る。なんと、編集者でありながら広告主に直接営業を仕掛けたのだ。直接広告主に手紙を送り、作り手の想いと読者の声を聞いてほしいと伝え、実際に会って話をし、そしてついには広告を獲得する。

雑誌広告の営業は、通常広告代理店が広告主との窓口となり、出版社内の営業部と連携する。

編集部は誌面づくりを担当する。この通常ルートがある中、鈴木は社内の営業部と代理店を飛び越えて直接広告主に営業したのだ。鈴木の会社では当時はほぼ前例のないことだった。

率直に「お金がないんです、広告をください」と鈴木は広告主に話したと言う。そして広告主は、鈴木の話す読者からの生の反響に興味を持ち、そこに真剣に向き合う編集者の話に動かされた。そして大口の広告主を含めその他の広告主の理解も得られた。雑誌の赤字はついに3カ月で黒字化し、土壇場で雑誌存続を勝ちとることになる。

鈴木はこのときの心境を、苦しい中にも楽しさがあったと話す。「読者に喜んでもらいたい」という強い想いを支えに力を尽くし、少しずつ見えてくる光を感じながらという楽しさがあったのだ。読者に雑誌を届けるためであればどんな壁でも、乗り越えないという選択肢はない。その過程は苦しみを伴うが改善すれば光が差す。差す光が大きくなればまた読者のためにできることも増えてくる。こうして苦しさが楽しさに変わっていった。

鈴木のやり抜く姿勢は、試練を得難い経験に変え、実績につながり、ついに最年少編集長に抜擢されるに至る。30歳になるころ、元の住宅雑誌編集部から独立して単独の編集部となるのに伴っての編集長就任だった。もともと出版業界は若手が活躍できる業界ではあるものの、当時女性としては異例の抜擢である。

社会人1年目〜7年目までのまとめ

▼この時期に得た能力・知識・精神力（スキル）

- 雑誌づくり・企画立ち上げ、広告営業、収益管理等のスキル
- 指示型のリーダーシップスタイルと相手の可能性を信じる支援型のスタイル

【得られた持論】

- どんなときも道を切り開くタフさが大事で、やってやれないことはない。
- スタッフは自分とは異なる可能性を秘めた存在である。

▼この時期に抱いていた・湧いてきた想い（ウェイ）

- どんな仕事も最良の仕事をする。
- 「読者に喜んでもらいたい」を第一におく。

【得られた持論】

- 「読者に喜んでもらうために」何ができるかが自身の使命であり第一優先である。

▼この時期に直面した周囲との軋轢や試練とその克服（ギャップ）

- スタッフとのコミュニケーションギャップ、商慣行とのギャップを強引なリーダーシップスタイルの転換と大胆な行動で乗り越えた。

【得られた持論】
・最優先である読者のためなら時には大胆なやり方も必要である。

社会人8年目〜13年目　単独の雑誌編集部　編集長としての日々

編集長となった鈴木が強く意識したテーマは「リーダーとはどうあるべきか」ということだった。過去のような失敗を繰り返さないのは当然として、さらにリーダーシップのあり方を追求すべく自身の最重要課題とした。そんな姿勢もあってか、チームの士気は高く、ともに読者ニーズに応える誌面づくりを追求し、雑誌の安定的な売れ行きとともに固定の広告主も確保し黒字を維持した。「苦労が一斉に実りました」という順調な日々が続いた。

鈴木がリーダーシップと表現するものは、具体的には「他者に任せること」と「任せた相手が育つこと」だ。

「出版業界は人材の流動性が高いので、若いスタッフたちは一定のキャリアを積むとさらなるステップアップで他社に移ることが多いんです。でもそういうスタッフがきちんと他社のポジションを獲得して移っていくのを見ていると、スタッフが育ってるなと感じます。自分のリーダーシップはそういうところでも測れます」。

かつてリーダーシップに悩んだ鈴木は紆余曲折を経て立派にチームを運営するようになって

いた。スタッフに任せることとその任せた相手が育つこと、それが一人よりもチームの力として読者のための誌面づくりに活きると感じていた。

日本企業ではマネジャーはポジションに就いた後で能力開発機会（例えば、マネジャー研修）を与えられることが多いが、鈴木の場合はマネジャーへの備えができてからポジションに就いた。意図したというよりは結果論だが、鈴木は副編集長時代に雑誌の売上や利益の管理、スタッフに対するリーダーシップなど、編集長同様の経験を経ていたおかげで新しい編集部のかじ取りをスムーズにスタートさせることができた。この経験の意味合いを、鈴木はこの先の後進育成においても重要視する。やる気とポテンシャルを持った人材には早くから編集長に必要な経験を積ませ、準備させておくことを実践していったのだ。

この4～5年の間、鈴木は編集長であることは変わらないが、役職としては係長から課長代理、さらに課長へと順調に昇進していく。「ただ、それよりも編集長として誌面づくりに注力できることが重要」と考える鈴木は、出世についてこう語る。

「企業の不祥事をニュースで見て思うんですが、必ずしも経営者の責任じゃない場合でも経営者が辞任したりバッシングを受けたりするのは、それまでの努力に対して割に合わないし出世を目指す人生は見返りが少ないなぁと。であれば仕事人生の大半を占める現場にいる時間を大切にして過ごすことは重要だと思うんです。そういう意味ではミドルマネジャーは『想い』を実現していける最も面白いポジションです。ミドルの期間をアッパーになるための積み重ねの期間だと考えると長すぎるけれど、ミドルこそ仕事人生のメインで最も楽しめる期間だと考えると、それはむしろ長いほうがお得だと思えてきます。多少の失敗をしてもリカバリーが利く、すごくお得な期間だと思うんです」と。

業界の特色や編集長というポジションの特性もあるが、鈴木のこのような発想には多くのビジネスパーソンにとっても思いを新たにさせるものがあるかもしれない。自分が仕事において最も大切にしたいことは何か、そもそも何のために、誰のために仕事をしているのか。そんな内面に向き合ってみると、今の時間をどう大切にできるかが見えてくることを教えてくれる。

鈴木の雑誌は好調が続くが、一方で出版業界は長年の市場縮小が続いており、他の雑誌は軒並み苦境に陥っていた。インターネットやモバイルの普及で雑誌という媒体の存在感は相対的に小さくなり、発行部数は減少の一途をたどった。

そして鈴木の古巣である住宅雑誌も同様に苦境で赤字に陥っていた中で、会社は鈴木を起用した再建策を打ち立てる。鈴木の古巣である住宅雑誌と鈴木の雑誌を1つの編集部にまとめ、鈴木をその編集長に任命したのだ。ほどなく住宅系の3誌を加えた計5誌の編集も1つにまとめることとなり、それまで5～6人のチームを率いていた鈴木は新生編集部の25～26人の大所帯を抱え、しかも赤字雑誌の再建を一手に任されることとなった。
安定的な日々から一転、大きなミッションを背負ったこのポジションで、鈴木は部の規模と同様に自身のリーダーとしての器も大きく成長させていく。

社会人8年目～13年目までのまとめ

▼この時期に得た能力・知識・精神力（スキル）

・編集部トップとしてのリーダーシップ及びマネジメントスキル

【得られた持論】

・個々の違いに視点を置き相手に合わせたリーダーシップのあり方が大切である。

▼この時期に抱いていた・湧いてきた想い（ウェイ）

・「読者に喜んでもらいたい」を実現するためにスタッフを育成する。

【得られた持論】

・可能性のある人材には、伸びしろを期待して仕事を任せるべきだ。

▼この時期に直面した周囲との軋轢や試練とその克服（ギャップ）

・上層部の抜擢人事により、意図せず職責が上がっていったが、ポジティブに解釈した。

【得られた持論】

- 現場で責任があるミドルの仕事こそ、一番楽しい仕事だ。

社会人14年目〜17年目　複数雑誌を束ねる編集部　雑誌再建に向けた奮闘

「楽しみで読んでいる雑誌がある日突然なくなるなんて読者に申し訳なさすぎて、絶対に潰さないと、そのためならどんな努力でもする覚悟でした」と当時の心境を振り返る鈴木は、以前スタッフへの認識を変えたときのように2度目とも言える大きな自己変革を、新たなポジションでは余儀なくされた。25〜26人の大所帯をリードし異なる5誌の編集をこなすためには、もうプレイングマネジャーではとても回らず、自分が前線に立つのは完全に止めてスタッフの働きで結果を出すスタイルに変える必要があったのだ。

さすがにこのときはそれまで読んだことのないビジネス書を初めて手にとったと言うが、『V字回復の経営』（三枝匡著、日本経済新聞社）の〝組織を変える〟が目に留まった。赤字の会社を2年でV字回復させるストーリーで、「そういうことができるんだ、やってみよう」と鈴木は編集部の体制変更を実行する。

「全体を4〜5人ずつのチームに分け、あなたはこの雑誌を専任でと、そこに副編集長を置いて任せる、というふうに変えました」。

それまでの編集部は全員ですべての雑誌をつくる体制をとっていたが、鈴木はそれを雑誌ごとのチームに分けて専任制とし、副編集長を置く体制へと変えたのだ。旧体制では仕事をカバーし合えるメリットはあるが、専門性が磨かれず、一部のメンバーへ負荷が偏り、人材も育たないという弊害を生み出していた。結果として一つひとつの雑誌が中途半端になっていると感じ、赤字克服のために体制変更が必要と判断したのだった。

「元の雑誌を専任でやっていた私は四六時中そのことを考えていろいろなアイデアが深まったんですけど、皆で複数の雑誌をやっていると研究も深まらないし、責任感も生まれず売上も上がらないんです」。実体験があった鈴木には、本に描かれた体制変更の意味が実感値として理解でき、その効果をイメージできたのだ。

しかしこの変更がすんなり進んだわけではない。想定してはいたものの、スタッフから「それでは仕事が回りません」とか「このメンバーではやっていけません」などかなりの反発があった。そんな中、鈴木の頭の中には〝断行〟の2文字が掲げられていた。V字回復の本には「こんなに断行するのか」と思うような場面が描かれていた。最も大切なことのために〝断行〟する。「後ろから刺されてもやるんだ」という覚悟で前に進めたという。

この編成にはもう1つの狙いがあった。「後進の育成」である。自分が最年少編集長となって以来いまだ最年少編集長である。後進を育てることができていないという思いと、そのためには準備を早い段階でさせておきたい、という思いがあった。そのための副編集長配置だった。

初めは〝断行〟が警戒されていた状況も、しばらくするうちに変わっていく。

「副編集長を任せたある部下が、まだ経験の浅いスタッフについて『このメンバーじゃ絶対にうまくいきません』とかなり否定的だったんですが、そのスタッフにもこういうことができるかもしれないとか、こうやってみたらどうかなといろいろ話してやってみていたらすごくその雑誌の業績が上がったんです。そしてその経験の浅いスタッフもものすごく成長してきて、『優秀なスタッフをもらうだけじゃなく育てるっていうのがあるんだ』と副編集長も大きく見方を変えました」。自分にも仕事にもとても厳しい性分のその副編集長にはかつての自分が重なる。その副編集長がパラダイム変化を体感し、スタッフとの働き方を変えていくと同時に雑誌の売上が上向いていく中で、鈴木は自身のリーダーシップを確認できたという。

その間もたびたび部下から新体制への不満をぶつけられ、そのたびに〝断行、断行〟と心で言い聞かせつつ、一方で例の広告営業を一緒にやったり企画書を指南したりして副編集長の育成とパラダイム変化を促していったという。

「少額の広告を集めてやっていた雑誌もあったんですが、『今度はもっと大きい提案をしてみようよ、言ってみるのはタダだから』と発破をかけて企画を練り実際に広告主のところに行ってみたら、『こういう企画いいですよね』となってその場で大型の広告企画が決まったこともありました。そんなことを目の当たりにする中で副編集長たちもだんだん〝いけるかも〟となっていきました。やっぱり皆雑誌を愛してて黒字になったらうれしいんです。そこは誰もが同じで、業績とともに編集部もだんだん1つになっていきました」。

そしてついに、わずか半年程度ですべての雑誌が上向きに転じ、その数カ月後には黒字化を達成するに至る。V字回復を現実にやってのけた鈴木自身も驚いたが、社内の反響はそれ以上だっただろう。この実績はおおいに評価され、鈴木は次長へと昇進するが、実質的な変化はさらに大きなものとなって訪れる。ついに看板雑誌でもある女性誌の編集長に抜擢されたのだ。この看板雑誌も市場縮小の中で赤字に陥っており最後の打ち手として鈴木に再建が託された。

鈴木は、さすがにこの看板雑誌を背負うことについては特別な想いがあったと話す。それまでの雑誌が季刊誌で発行部数も数万程度だったのに対し、看板雑誌は月刊誌で部数も数十万部である。それだけに赤字額も突出していたが、他は潰してもその雑誌だけはそう簡単には潰せないという存在だった。長く続いていて、自社にとっても読者にとっても大きな存在である看板雑誌を背負う重責を感じる一方で、想いをこめて現在の編集部を再建し、ともに切磋琢磨したスタッフと別れることについても簡単には割り切れないでいた。

しかし、鈴木は最終的にこの任務を引き受けた。読者への想いがあるからだ。これまでやってきた編集部にはすでに想いを共有した5人の副編集長がいる。彼女たちは想いを継いで読者のために尽くしてくれるだろう。であれば今自分がもっと多くの読者を抱える看板雑誌を立て直すことは自身のウェイに照らしても間違いではない。鈴木は自身の活かし所として新たな道を受け入れた。そしてこのころ、責任が大きくなる中でより視野を広げる必要性を感じた鈴木はビジネススクールにも通い始める。学業と両立させながらの雑誌再建となった。

社会人14年目～17年目までのまとめ

▼この時期に得た能力・知識・精神力（スキル）

- 副編集長の育成
- 組織づくりの理論とその実行

【得られた持論】

- 本人の責任を尊重しつつ適度な指示と委任のバランスが大切である。

▼この時期に抱いていた・湧いてきた想い（ウェイ）

- 後進育成のために、早くから編集長の仕事を任せていきたい。

【得られた持論】

・土台で共通する想いを刺激し、可能性を示し、成功体験を持たせることでどんな人材も自走し始める。

▼この時期に直面した周囲との軋轢や試練とその克服（ギャップ）

・自分の理想とする組織の体制と、スタッフのワークスタイルとのギャップを密なコミュニケーションと数字の両軸で納得させた。

【得られた持論】

・編集長として方向付けをしたうえで、スタッフの感情やスキルレベルに応じて対応レベルを変えながら、必要があれば確信を持って断行することが大切である。

社会人18年目～現在（19年目）　看板雑誌編集部　看板雑誌再建から新雑誌の立ち上げ

新しく移った看板雑誌の編集部では十数名のスタッフを抱え、月刊誌として校了目前の号と次の2号の計3つの編集が並行して進む。目前の号については副編集長がメインでリードし、編集長である鈴木の最優先事項は次の号の内容を決めることだ。収益の拡大を念頭に置きつつ読者のためのベストな内容になるように判断を下すのである。

「雑誌は編集長のもの」という暗黙の了解があり、上層部も雑誌の編集内容については口出ししない。しかしこの看板雑誌だけは少し訳が違う。社運がかかっている。ダメなら雑誌は終わる。数十万人の読者を前に、鈴木は経験を総動員して再建に奔走する。

コストを削る一方で内容の質を高めてやりくりし、8カ月ののち、何度目と言うべきか、ついに鈴木は社の看板雑誌をも甦らせる。2年間での立て直しを託されていたが、1年以上も前倒しで単月での黒字化を達成した。赤字が続いていた看板雑誌としては数年ぶりのことである。

もはや鈴木が雑誌を成功させるうえでの精度の高いノウハウ・スキルを有することは明白である。特に読者のニーズを汲みとる点では常に企画をヒットさせてきた実績が物語る。その秘訣はとことん具体的に読者のことを想像することだと話すが、そこからのアイデアを誌面に仕上げる力、ともに働くスタッフの心をつかみスタッフを通じて結果を出すリーダーシップ、幅広い関係者との調整力など、すべてを一定レベル以上に備え、鈴木は成果を上げている。その鈴木ならば黒字を維持し看板雑誌を再建できるはずだという期待も高まっていた。

まさに、そこまでの苦労が実り収穫期を迎えると思われた矢先、思わぬことが起きる。取締役会の一声で看板雑誌は打ち切りとなったのだ。誰もが耳を疑い、鈴木の上司も「鈴木で再建するとと役員会で決めてまだ走り出したばかりじゃないですか」と掛け合ったが決定は覆らなかった。経営トップが時代を読んだのか、自社のあり方や求められる事業構造を読んだのか、いずれにしても決定は決定であった。

このことは社内外で大きなニュースとなったが、鈴木にとっても「仕事人生で最も悔しい出来事」であり、すんなりとは受け入れ難かった。以前の編集部スタッフから激励を受けて送り出され、現在の編集部スタッフとともに勝利をつかみかけていたところだがまだやりきっていない。周囲もまたあまりにもったいないと考え、鈴木とともに改めて取締役会に上げた提案は、単なる「打ち切り」ではなく「新雑誌の創刊」という形での再出発だった。取締役会も「それなら」とOKを出し、看板雑誌は時代の潮流に沿った新コンセプトとともに生まれ変わることとなった。

打ち切りから新雑誌立ち上げ提案という急展開の中で、より読者のニーズに応えられるもの、そこに向かってまた同じスタッフで力を注げるものとして新コンセプトを構想し、かつて20代で雑誌を立ち上げた以外再建一筋できた鈴木は、再び立ち上げを担うことになった。

最終的に鈴木が納得したのは、1つにはこの新しい方向性に想いを燃やせると感じたことがあるが、もう1つ、経営のかじ取りを身近に感じながら、これもまた新たな使命だと理解したことがある。ビジネススクールでの学びでも経営視点で状況を見る目が養われつつあり、経営陣の話の行間を読み取ったり、言動の意図を理解できるようになっていた。経営レベルでのさまざまな判断やリアルな側面を見ながら、自分の想いだけで考えていてはだめだと気持ちを整理したのである。

かくして新雑誌が創刊された。

旧雑誌は専業主婦を主なターゲットとしていたが、時代の変遷とともに移り変わるニーズに対して鈴木が打ち出したのは「働く主婦向け」というテーマだった。「仕事を持ちつつ家事と育児もこなす現代女性が求める情報」をテーマにしたのだ。これこそが今の女性のコアなニーズであると定義し新たなポジションをとった。

コンセプトのみならず再建から立ち上げという変化、そして責任も、これまでになく大きいスタートである。スタッフは総論賛成でも鈴木以上に元の雑誌への悔しい想いは強く、慣れもあり過去のコンセプトに引きずられてしまうところがあったが、スタッフの気持ちをケアしながら軌道修正し、新しいスタッフも動員するなどして進めた。違う編集部から来た鈴木だからこそかもしれないし、以前の編集部での〝断行〟の経験が活きているのかもしれない。

「編集者として人の役に立つ雑誌がつくりたいという想いは皆同じです。読者から届く『育児が大変でもう仕事やめようと思ったときにこの雑誌を手に取って、楽しい気持ちになりました』とか『今は仕事も家事も育児も楽しい』というメッセージを受け取りながら、役立てているることを感じ、時代を感じ、スタッフも徐々に変わってきました」。そんな声に触れられる場を意識的につくる工夫もしながら、根本には読者への想いというウェイでつながっている鈴木とスタッフだからこそともいえるだろう。

「あなたにとって仕事とは？」という問いに、鈴木は「ずっと解き続けているクイズみたいなもの」と表現した。「次々と難しくて刺激的なことが起こって、でも答えを探す過程が楽しくて解き続けているもの、挑戦しないほうが楽かもしれないけど、やっぱり楽しくてやめられないもの」と語る。

新雑誌立ち上げというクイズに挑みながら、今はより現場にいられることが楽しく、あと10年は続けたいと言う鈴木。そしてかつての看板雑誌に負けない雑誌に育てることを目指し、読者に喜んでもらうために、日々スタッフとともに全力で奮闘している。

社会人18年目〜現在までのまとめ

▼この時期に得た能力・知識・精神力（スキル）

- 新しい方向性への巻き込み
- 経営全般の知識（ＭＢＡ）

【得られた持論】

- まず自分が確信を持つことを追求し、その確信をスタッフにも示し気持ちを掌握することが大切である。

▼この時期に抱いていた・湧いてきた価値観（ウェイ）

・社内の立場を考え経営目線での行動が必要である。

・旬のセンスを誌面に反映する意味でも後進育成が大事である一方、現場は楽しい。

【得られた持論】

・ミドルマネジャーとして経営と現場の両方をつないできたことは正しい。

▼この時期に直面した周囲との軋轢や試練とその克服（ギャップ）

・経営トップの決定と自身・スタッフの想いとのギャップ（看板雑誌打ち切り時）、雑誌の新コンセプトとスタッフとのギャップ（新コンセプトの雑誌立ち上げ時）といったものを、それぞれの想いを成り立たせることで克服した。

【得られた持論】

・「読者のため」という前提で行動すれば、どんなアプローチでもまとまり、結果につなげることができる。

◈3つの力（スキル、ウェイ、ギャップ）の維持・回復・強化

維持

・「何のために」という最優先事項を常に意識する。

・読者からのフィードバック投稿をよく読む。
・メンターを持つ。
・状況に応じて小・中・大のさまざまなリフレッシュ手法を持つ。
お茶をしながら日記を書く30分程度のちょっとしたリフレッシュから、マッサージを受けたり出張の移動を自腹でグリーン車にアップグレードして快適さを付け加える中くらいのリフレッシュ、さらに海外リゾートでゆっくり過ごしたり1人で高級ホテルに泊まるなど、数日間かけた徹底したリフレッシュなどの使い分けをする。

回復

・「失敗しても死にはしない」という割り切り
・「どうせ50年後には死んでいる」という切り替え
・心のよりどころを持つ。
鈴木にとっては夫の存在。夫は、落ち込んだとき、無理を強いることなくそっとヒントをくれる、ヒントを実行すると不思議と事態が改善する、話を聞いてもらうだけでも助けられる存在である。

強化

・未来への使命感を持つ。

後進育成、編集を通じ読者に何を届けるのかという意識、今の仕事のその先になすべきことを考える。

事例4

ロジカルスキルとコミュニケーションスキルを強みに、自分の提供価値を最大化

スリーエム ジャパン　サプライチェーン&ロジスティックス本部　ロジスティックス部門 部長

井手伸一郎

■プロフィール

1974年生まれ。1999年名古屋大学理学部物理学科卒業後、KDDI株式会社に入社。新規事業企画・サービス企画・販売企画を担当。2009年、戦略コンサルティングファーム、A.T. カーニーに転じ、プロジェクト・マネージャーとして、経営戦略・事業戦略・組織戦略・サプライチェーンマネジメント戦略・マーチャンダイジング戦略・調達戦略・業務改革（ビジネス・プロセス・リエンジニアリング）など、6年間で多くのプロジェクトに参画。2015年、スリーエム ジャパンに入社、サプライチェーンマネジメント業務に従事。2009年グロービス経営大学院修了（MBA）。2012年より、グロービス経営大学院 客員准教授も兼任。

▼この事例のポイント

井手伸一郎（以下、井手）は、幼少期の転校を機に、周りの人の「いいとこ取り」によって「時・場所・相手ごとに使い分けるコミュニケーションスタイル」を意識して身につけてきた。さらにキャリアを重ねる中で、ビジネススクールでの学びやコンサルタントとしての経験から得られた「ロジカルスキル」を自分の武器として認識し、あらゆる場面でこれらの力を最大限

発揮するためのシミュレーションを頭の中で絶えず繰り返し、確実に成果を上げ続けているミドルマネジャーである。

学生時代のアルバイト経験から「提供価値の最大化」を強く意識するようになり、社会人になってからは社内だけにとどまらず取引先、そしてその先につながる社会への貢献に意識を高めていった。

自分の実力と求められる仕事のレベルとの差に苦悩した経験からも、「心を痛めることなく着実に前に進む方法」を見つけて成長の節目としてきたエピソードや、自身の目標を「常に進化し続ける理想像」に設定することで、他人との比較や評価に左右されない強さを身につけてきた姿から、「折れずに進む強さと柔軟さ」という現代のミドルマネジャーに必要な力を獲得するヒントを得られるだろう。

幼少期〜小中高時代　価値観の醸成

井手は、父親の転勤により小学校を3校経験し、これをきっかけにコミュニケーションの大切さを意識するようになった。「まったく新しく、異なる地域文化と人間関係の中で、これまでのコミュニケーション方法では、理解してもらえなかった」と振り返る。「突拍子もないことを思いつく右脳派だったのですが、最初の学校では、そういう人物として認めてもらっていました。しかし、学校が変わるとまったく伝わらないし、理解してくれませんでした。転校直後は浮いていましたね」。

　そのような中で周りを見渡すと、コミュニケーションがうまい人もいた。授業中、体育の時間、遊びの時間、と場面が変われればその場の主役も変わる。主役と自分の違いは、各々で求められるスキルの差だけではなく、コミュニケーションの違いがそうさせていることに気がついた。「モハメド・アリ（1960年代に活躍したアメリカの著名なプロボクサー、元世界チャンピオン）の『蝶のように舞い、蜂のように刺す』みたいな感じです。時・場所・相手によって、求められるコミュニケーションを使い分けられたら最高だなと感じたんです」。

　それ以来、井手は2つのことを意識し始めた。1つは「多彩なコミュニケーションスタイルを習得する」こと。「お手本は、身の周りに多く存在していました」。それぞれの場面で活躍する人の、伝える内容、伝え方、表情や身振り手振り、そのすべてを参考にした。まずは同じような場面で、そのスタイルを真似することを意識したという。他人のよいところを真似するために、「その人のよいところだけに注目していったら、結果的に嫌いな人がほぼいなくなりました」と語るとおり、さまざまな人のよいところに気づけるようになったという。

　もう1つは、「場を察知し、この場に必要なコミュニケーションスタイルを把握し、使い分ける」こと。この場ではどんなスタイルで臨めばよいのか、相手はどう反応するのか、頭の中でシミュレーションをし、自分が習得した複数のコミュニケーションスタイルの中から最適なスタイルを選ぶことを心がけた。「今から考えると、無意識に仮説検証プロセスを回していました」。こうして時・場所・相手によってコミュニケーションスタイルを柔軟に使い分ける力を習得していった。

大学時代　価値観の醸成

幼少から好きだった物理学を極めたいという想いで、大学に入学した井手であったが、その道のそうそうたる研究者や大学組織の在り方に触れ、「この道で生きていくのは何か違う」と強く思い、2年間行かなかった時期があった。

目標をしばらく見失っていたが、新たに「自分が誰かに価値を提供すること」の楽しさを経験することになる。

きっかけは、デパートの催事場の会場設営のアルバイトだった。閉店と同時にアルバイトスタッフが、週替わりする催事に合わせ、什器の入れ替えを行う。作業者は熟練アルバイトスタッフが数人に、未経験者が20～30人。社員は1人しか来ないため、ほぼ熟練スタッフが全体を仕切る構図であった。想定所要時間5時間分がバイト代だが、1時間で完了しても同額が支払われる。いかに短時間で終わらせて実質時給を上げるかが、熟練スタッフのモチベーションになっていた。

そんな中、熟練スタッフの先輩に連れられて、初めてのアルバイトを経験した井手は、自分の数倍もテキパキと仕事をこなす先輩に対し、「自分は何もやっていないのに、先輩と同じ金額をもらってしまった」という申し訳ない気持ちでいっぱいになった。それ以降、井手は「いただいたお金の何倍の価値を出せるか」を意識し始めるようになる。

〝催事場の設営バイト〟を最短で終わらせるためには、いかに未経験者のリソースを有効に活用するかが重要になる。熟練スタッフになった井手は、初めて会うアルバイトスタッフの顔と少しの会話から性格を想像する。「この人は〝まめそう〟なので、什器の掃除をしてもらおう」、「この人は気が利く感じなので、トラック積み込みの手伝いを」など、未経験者が適材適所で効率よく働けるように采配を振るった。「あのときにマネジメントの何たるかを学んだ気がします。時間短縮による実質時給が、自分の提供価値として指標化された感覚だった」と振り返る。

「提供価値の最大化はどんな環境でも目指せる。仕事だけでなく家庭でも、友達付き合いでも、ほんのちょっとした些細なことでも、意識することが大事。ただし、一方的な提供ではなく、時、場所、相手によって変える必要がある」と語る。

「相手を感じる力」と「それに合わせた柔軟なコミュニケーションスタイル」。それらを駆使し、「〝提供価値の最大化〟に努める（ウェイ）」姿勢は井手のその後の価値観を形成していった。

幼少期～大学時代までのまとめ

▼この時期に得た能力・知識・精神力（スキル）

- 相手を感じる力（右脳・直感）
- 現状を理解したうえで改善案を思いつく力（右脳）
- 時・場所・相手にあったコミュニケーションスタイルを使い分ける力

【得られた持論】

- コミュニケーションスタイルの使い分けで補うことによって、自分の強み（右脳・直感）を活かすことが大切だ。

▼この時期に抱いていた・湧いてきた想い（ウェイ）

- 相手にどれだけバリュー（価値）を出せるか。

【得られた持論】

- 相手や場所、事柄に関係なく、常に「提供価値の最大化」を自分に課し、問題解決や新たな提案を行いたい。

▼この時期に直面した周囲との軋轢や試練とその克服（ギャップ）

・自分（もしくは自分の意見やアイデア）が相手に理解してもらえないことを、多様なコミュニケーションスタイルを身につけ、使い分けることで克服した。

【得られた持論】

・多彩なコミュニケーションスタイルを自身に内包しつつ、場所・相手に合わせて最適なスタイルを選ぶことで相手に理解してもらえる。

就職〜社会人4年目　販売企画部

就職活動の場では、大学での2年間の遅れを乗り越える必要があった。就職氷河期だった当時、普通に活動していては生き残れない。そこで、「マイナスをどうプラスに変えるか、戦略的に考えた」という。「自分の価値は何か」を改めて考え抜いた結果、「従来の常識をゼロから考え、それを変えられること」にたどり着く。物理学が得意だった井手は、世の中の物事を分解し再構成して考えることが好きだった。「Aの概念とBの概念を組み合わせて、新たなCの概念をつくる」、それができれば、ビジネスの世界でも自分の価値を提供できるのではと、またプラス2年間の経験も活かせるのではと考えた。

面接では、「自分みたいな人間を10人中10人雇ったら会社は困るだろうが、1人ぐらいいたら会社はピリッと面白くなる」とアピールした。そして最終的にＫＤＤＩ株式会社（以下、Ｋ

ＤＤＩ。当時はＤＤＩ）に入社を決めた。

井手は入社前からの希望どおり、販売企画部門に配属となり、次々と生み出されるサービスをどう市場に展開していくかに取り組んでいた。そんな2年目のある日、1年後輩の新入社員向けにスピーチをする機会があった。このときに話した内容は、井手の姿勢を象徴する。

「皆さんは、入社して半年くらいは、すべてが新鮮で、できない自分に戸惑い、言われたことを一所懸命頑張ることに集中できるでしょう。その後、だんだん会社生活に慣れてくると、会社のだめなところが見えてきて、『この会社だめだな』と多くの人が思うようになります。実はこれは非常に健全であり、会社としては『嫌なところをよくぞ見つけてくれた』という意味なのです。そして、『それを変えてほしいから、あなたを雇った』のです。会社の嫌なところが見えてきてこそ、社員として初めて自立してきた証です。そして『この会社だめだな』で終わるのではなく、『それを解決するためにあなたは雇われたのであり、それがあなたの仕事なのだ』ということを忘れないでください」。

良くも悪くも入社前後で自分が想像していたことと現実とにギャップを感じる、というのはよくある話である。ところが、そのギャップこそを「まずは感じなければ意味がない」と井手は後輩たちにアドバイスした。学生のころから自分の「提供価値」についてよく考えていた井手に言わせると、「変えるところがない組織とは、自分の居場所がないということ。だめなところがたくさんあってこそ、燃えるものだ」ということになる。

社会人2年目においてすでに「現状を改善するために働いている」という持論を自分自身でも認識していた。自分の「提供価値」を最大化する働きを常に考え、それを実現する人間を目指す姿勢は社会人になってさらに成長した。

社会人5年目〜8年目　事業企画部　新サービスの立ち上げ

井手は社会人5年目に事業企画部に異動し、新サービスを生み出す仕事をミッションとしていた。そんな中で、ある画期的な案を思いつく。それは当時主流であった通信サービスの、通信端末の製造過程において、通信会社が保有する顧客の認証キーを予め端末に書き込んでから出荷するというものであり、利用者は面倒で難しい端末設定から解放される、問い合わせ用のコールセンターは大幅なコスト削減が可能になるという画期的なサービスであった。

一方、1件の製造ミスが情報漏洩に直結してしまう大きなリスクを伴うことから、端末メーカーにおける負荷は高く、実現には途方もない交渉と調整が必要だった。「今までの常識ではないことをやろうとしていましたからね。最初はみんなから反対されました」と振り返る。

そこで、井手は自社の本部長に話をする前に、端末メーカーを先に口説くことにした。当初は技術的なハードルの高さと、リスクの大きさから何度も難色を示されたが、何度も出向いては、夢を語り、技術的な課題に対しても自らアイデアを説明し、最後は端末メーカーの社長に会い「この取り組みは御社の技術力アップと、将来的な事業拡大につながる」ことを説いた。井手の熱意は社長に伝わり、「やりましょう」という強い言葉を取りつけた。

一方、社内の説得にあたっては、本部長による端末メーカーの工場見学を設定し、何を見てもらうとどう感じるかを事前にシミュレーションしながら、誰がどのタイミングでどう説明するか、端末メーカーの社長に語ってもらうセリフまでも事前に準備し、無事決裁を得た。「まさに戦略コミュニケーションの極みだった」と振り返る。

結果、ＫＤＤＩはこのサービス導入によって大きく加入者数を拡大。一方、端末メーカーはこの取り組みをきっかけに、全製品の製造品質レベルを大きく見直し、新たな事業拡大につながったという。端末メーカーからは「あのときは大変だったけど、本当に楽しかった」と言ってもらえたという。井手にとっては、「社内だけでなく取引先（社外）が成長することも、自分たちの価値だと感じた」経験であった。

就職〜社会人8年目までのまとめ

▼この時期に得た能力・知識・精神力（スキル）

・企画力（右脳的ひらめき）

・提案力・社内外を巻き込む力
・戦略的コミュニケーション能力
【得られた持論】
・戦略的なコミュニケーションを活用すれば、大きなことを実現できる。

▼この時期に抱いていた・湧いてきた想い（ウェイ）
・自分が会社に雇われたのは「会社のだめなところを変えるため」と認識する。
・「通信業界での新たな価値とは何かを考え続けた」。
・「社内だけでなく取引先（社外）が成長することも、自分たちの価値の表れである」。
【得られた持論】
・会社や取引先企業など、自分を取り巻く環境に価値を提供することでさらに自分が成長できる。

▼この時期に直面した周囲との軋轢や試練とその克服（ギャップ）
・画期的なサービスを実現したいという自分の想いと周りの認識とのギャップを、戦略的コミュニケーションで埋めた。
【得られた持論】
・組織の中で新たな事業を実現するために、縦・横・斜め、そして社外のつながりを最大限活かした戦略的コミュニケーションを用いることが有効である。

社会人9年目〜10年目　事業企画本部サービス推進部　管理職ポストへの抜擢

井手は9年目に事業企画本部サービス推進部に異動になり、より具体的なプロダクト開発を担当する。そして入社10年目の33歳のとき、当時最年少で事業企画部門の管理職ポストに異例の抜擢を受けた。

「管理職になった時に戸惑ったかと言うと、実は何もありませんでした。なぜなら若いころから、自分があのポジション（管理職）に立ったら、どういう立ち居振る舞いをしようかとシミュレーションをしていたのです」と語る。上司や他の管理職の仕事ぶりを見ながら、「あーあ、あんなふうに答えちゃった」、「この場面はその言葉じゃないだろう」、「おー。今のセリフいただき」などと、時に反面教師に、時にはお手本として、来るべき日のために頭の中でシミュレーションを繰り返し、準備をしていたという。

任せられたグループは、合計18人のうち15人は自分より年配、年齢も40代以上が大半であった。面と向かって反抗はされなかったが、最初は「お手並拝見」という様子だったという。就任当初は「あなたがグループ・リーダーなのだから……」という言葉で、メンバーに試されているると感じる場面もあった。しかし井手はここでも、どのようなコミュニケーションで、「相手が納得して働いてくれるか」を考えていた。

当時心がけていたのは、「メンバーに敬意を払いつつ、意思決定は明確に」という姿勢である。「たまたまこの職は自分がやったほうが適任だから任されているのであり、会社を出ればみんな人生の先輩ですから」と、謙虚な姿勢で接することを常に意識した。そのため、井手は「部下」という言葉を嫌っていた。グループのマネジメントでは、組織としての判断基準を明確にし、メンバー自身が判断できるように促した。また、問題点には直接指摘するのではなく、「こういう場合はどうするの？」と質問を通じて自ら気づいてもらうように接した。メンバーの仕事は全力でフォローし、はしごを外すことは決してしなかった。メンバーと上司の意見が対立したときは、井手が矢面に立って戦った。

こうしたマネジメントによって、「メンバーにも実力の1・2倍のアウトプットを出してもらう」ことを目標においたという。これは組織として「提供価値の最大化」にどうすれば近づけるか、意識し始めた時期だった。

ちょうど時を同じくして、グロービス経営大学院に通学を始める。右脳的なひらめきと、コミュニケーション力に頼ってここまで来たが、経営学を体系的に学び、ロジカルスキルを鍛え始めた。これまでの〝我流〟が徐々に論理的に説明できるようになり、左脳的なロジカルさが右脳的なひらめきをさらに引き出せる感覚を身につけ始めていた。

社会人9年目～10年目までのまとめ

▼この時期に得た能力・知識・精神力（スキル）

・管理職を想定したコミュニケーションスタイル、言葉のストック
・低指示・高支援型のリーダーシップスタイル
・ロジカルシンキングをはじめとするＭＢＡスキル

【得られた持論】

・コミュニケーション力を鍛えるだけでなくロジカルも同時に鍛える。

▼この時期に抱いていた・湧いてきた想い（ウェイ）

・組織のメンバーが方向性と判断基準を理解して、自ら納得性高く働いてほしい。
・実力の1・2倍のアウトプットを引き出す。

【得られた持論】

・「組織としての」提供価値の最大化を目指すことが大切だ。

▼この時期に直面した周囲との軋轢や試練とその克服（ギャップ）

・自分のやる気と周囲からの「お手並み拝見」的な視線を、メンバーに敬意を払う一方で、管理職としての意思決定は論理的に行い、実力を周囲に認めてもらうことで

克服した。

【得られた持論】

・メンバーに敬意を払いながらロジックで戦える領域で実力を見せ、納得してもらうのがよい。

社会人11年目～16年目　コンサルティング会社への転職　新しい仕事への挑戦

ビジネススクールでの学びを深めるごとに、「他の業界を見てみたい」、「業界を超えた普遍的な概念を習得したい」、「各業界のエッセンスを結合できる力を身につけたい」という気持ちが大きくなり、大学院修了と同時に、井手は世界40カ国以上に展開する外資系戦略コンサルティングファーム、A.T.カーニーに転職した。

転職後の立ち上がりは順調で、いくつかのプロジェクトで続けてよい評価を受けた。ところが、1年目の終わりのプロジェクトで「死んだ」と当時を振り返る。マネジャーに叱責される毎日で、もう「何をやっていいかわからない」状態だった。「今振り返れば、大切な論点の設定も、それを構造的に捉えることもできておらず、ただ右脳的な思いつきだけでやっていました」。長時間労働が続き、土日出勤することもあった。こめかみが締めつけられ、手先に痺れを感じた。「あぁ、これは鬱の前兆だな」と感じたという。

しかしそうしたある日、井手は「タスクと心を切り離す」ことを思いついた。前職の経験でお客様へのお詫びや、システムのトラブル対応に徹夜したことなど、困難の中で、淡々とタスクをこなしていた自分を思い出した。

「戦場で、頭上を鉄砲の弾が飛び交う中での恐怖という心を切り離し、目的地に向かって、淡々と匍匐《ほふく》前進に集中すれば、結果は得られるというイメージでした」。自分が置かれている状況を客観的に捉えることができた瞬間に、その状態に心が痛まなくなり、手の痺れも止まった。困難の中で、意識して心を切り離し、やるべきことをタスク化し、優先順位と期限を決め、淡々とタスクをこなすことに切り替えたのだ。

「タスクと心を切り離し、心を常に落ち着かせる、心の平準化が大切である」。この持論を得たことは、井手にとって1つの節目となった。困難に当たっても心を痛ませない自身の方法を身につけたのである。

井手の人生の目標は、「すごい人になる」ことだという。この目標は30年前から変わっていない。「すごい人」とは、これまでに会い、見て聞いて、本で読んで知った「いろいろな人の良いところ」をちょっとずつもらってつくり上げた、自分が描く「絶対的な理想像＝すごい人」のこと。これは日々更新されるため、あえて「抽象的」な表現にしている。

中期的かつ具体的な目標もあえて設定しない。日々自分が成長するから、過去に設定した目標がすぐに陳腐化するからだ。中期的に「すごい人」になることを目標に、短期的に設定した具体的な目標に向け、日々タスク化し、それをこなすことだけに集中している。また、自分の中に比較対象（すごい人）があるからこそ、「自分を他人と比較することがない」という。だから、「他人を妬むこともないし、勝ち負けにはまったく興味がない」ともいう。コンサルに転職後1年目は、10歳も年下の若手社員に「すみません、○○を教えてください」と頭を下げることもいとわなかった。自分の注意を他人との比較に向けるのではなく、自身の中に向ける「生きる上での指針」と言える。「すごい人になる」という目標がそれを継続させている。

井手はコンサルタントに転職後3年目にアソシエイトに、5年目にマネジャーに昇格し、「どこでもやれる」という自信を得た。「8割が苦しい日々だった。残り2割はクライアントが最後に『このプロジェクトをやってよかった』と言ってくれた瞬間の喜びだった」と振り返る。丸6年にわたるコンサルタントの経験を経て、井手は新たなステップを踏み出す。

社会人17年目〜　2度目の転職　これからの挑戦

戦略コンサルタントのエキスパートとして、自分自身の問題解決能力ができあがったと感じていた井手は、次のステップとして再び事業会社、スリーエム ジャパン（以下、3M）を選択する。「KDDIでは右脳的なひらめきとコミュニケーション力を、A.T.カーニーでは左脳的なロジカルスキルと、それに裏付けられた多くの業界での経験と実力を身につけた。この双方の組み合わせを新しい環境で試してみたかった」と語る。

3Mは数多くの事業領域に、数多くのブランド、プロダクトを抱える大企業である。これまで磨き上げられたロジカルスキルとコミュニケーションスキル、そして心の平準化による強い精神力で、井手は新たな業界での「提供価値の最大化」に取り組んでいく。

最終的に井手はどこに向かって進んでいるのだろうか。答えは、「すごい人になる以外ない」という。「毎年毎年、自分が見えている景色は変わっている。日々成長する『すごい人』像に、ただ近づくだけだ」。新しい挑戦はいま始まったばかりである。

社会人11年目～現在までのまとめ

▼この時期に得た能力・知識・精神力（スキル）

- 心の平準化
- 「概念を普遍化する力」と「さまざまな業界のエッセンスを結合できる力」（左脳的ロジカルスキル）

【得られた持論】

・タスクと心を切り離せば、非常な業務にも潰されずに前進し続けることができる。

▼この時期に抱いていた・湧いてきた想い（ウェイ）

・1つの業界の枠にとどまらない課題解決能力を身につけ、顧客、そしてその先にある社会に貢献する。

【得られた持論】

・コンサルタントとして「問題解決能力」を身につければ、社会に対する提供価値を高めることができる。

▼この時期に直面した周囲との軋轢や試練とその克服（ギャップ）

・仕事で求められている結果と自分の能力とのギャップを心と仕事を切り離すことで埋め、状況改善を果たした。

【得られた持論】

・心を切り離し、やることをタスク化しそれをこなすことに集中すれば、よい方向に向かわせることができる。

◆3つの力（スキル、ウェイ、ギャップ）の維持・回復・強化維持

維持

- 仕事は登山と同じと捉え、その日設定したタスクをただひたすらこなすことに集中する。
- 心を切り離すことで、心を痛ませない仕組みをつくる（心の平準化）。

回復

- タスクが終われば、置かれた環境は変化する。現実逃避的なことは行わない。

強化

- 「すごい人になる」という抽象的、かつ自分の成長に伴って変わる目標を掲げることで、常にその達成に向けて前を向く。
- 企業内における自分の働きは、企業を超えて「社会」にもつながっており、仕事は「社会貢献」の一端であると考える。
- 「生涯現役」宣言。「死ぬまで成長しないと生きている意味がない」、「社会に価値を提供できなくなったら生きている意味がないのではないか」という想いを持つ。

事例5

「これだけはあいつに聞け」と言われる強みをつくる

外資系医療関連会社　マーケティングディレクター　山本健一（仮名）

■プロフィール

3人兄弟の長男として育つ。大学卒業後は日系の製薬会社に入社。研究員として勤務し、入社3年目には米国子会社の立ち上げで米国に2年間勤務、その後日本の大学との共同研究をベースとした子会社設立などを担当。12年半勤務したのち外資系医療関連会社に転職。4年半マーケティング企画部長として日本支社の全社戦略の立案、事業開発プロジェクトを推進。現在は、グローバルの特定領域で製品開発、事業開発を担当。工学博士、経営学修士（MBA）取得。

▼この事例のポイント

山本健一（仮名）（以下、山本）は、幼少より抱いた「自らを高め続けることで周囲からの信頼を得る」という想いを社会人になってからも継続的に少しずつアレンジし、いくつかの節目ではより確固たる持論として捉えなおし、拠り所とし、前向きな姿勢やチャレンジする意欲とその行動を継続させ、結果につなげている。

山本の話は、「節目における対処」の大切さは元より、その対処のための「日ごろの思考と行動」の重要性を示唆している。日ごろの思考と行動から決断やチャンスを導き、その「日ごろの思考と行動」を継続的に高めつづければ、突出した結果につなげることが可能なのだ。

幼少期〜大学卒業まで　価値観の醸成

山本は、父の職場が変わるたびに引っ越して学校も何度か転校する少年時代を過ごした。そして小学生のとき、転校先でひどいいじめに遭った経験をしている。

「2回目の転校で、もう絶対いじめられないぞといろいろ考えました。なめられないように意図的にクラスの強そうなやつにも対等に話しかけたり、一方で、笑いをとったり人を楽しませることが効果的とわかって、レクリエーション担当とか修学旅行の司会とか、イベントのしおりづくりとかを買って出ていました」。

さまざまなリーダー的役割を買って出ることで、山本は人気者となり、いじめられなくなった。「このときにリーダーシップを学んだ気がします」と振り返るのは、小学4年生のころのことだった。2年間続いていたいじめを自らの工夫と行動で克服していったのだ。その後も周囲から「なめられないように」と一貫して武道に打ち込む一方で、レクリエーション担当として、企画力や段取り力を高めていった。

そうこうするうちに山本は大学受験を迎える。父親が病気で倒れており、高校卒業後は働くことも考えたが、山本は進学を選んだ。家計に負担をかけないよう、自宅から通学できる大学に給費生として合格し、道を切り開いた。

社会人1年目〜4年目　研究開発部門　米国子会社出向での経験

大学を卒業した山本は日系の製薬会社に研究員として入社した。

入社時に心に決めていたのは、「〝これだけはあいつに聞け〟と言われる強みをつくる」ことだった。

入社後、当時先端となるタンパク質の人工合成の研究テーマが与えられ、早速周囲の誰よりも先に結果を出す一方、新人育成担当や宴会幹事も積極的に買って出た。この幹事ぶりは、当時の一般的な研究職員の大人しいイメージからすると異質であり、研究成果でも一番に結果を出していたこともあって目立つ存在となった。狙いどおり「何かに秀でて埋もれない」状況でスタートダッシュを切った。そんな山本に思いがけず好機が訪れる。

１９９０年代後半当時、日系の製薬会社の関心事としてバイオ医薬品分野への進出、その先進国である米国での基盤づくりがあったが、山本の会社でも米国に子会社を設立しようとしていた。そこへ出向する最年少メンバーとして入社２年目の山本に白羽の矢が立ったのだ。ある上役から「忘年会の幹事が完璧だったからだよ」と笑いながら言われたという。幼少期から鍛えていた細部に気を配り、工夫と積極的なコミュニケーションで周囲を巻き込み、そつなく段取りする山本の姿が評価されたのだ。

米国では、思いきり楽しもう、文化を知ろうと地域のコミュニティセンターで英語を習ったり、ゴルフに行ったりした。仕事面では周囲に優秀な先輩がいたことで技術を学ぶには申し分なかった。しかし決してすべてが順風満帆というわけではなく、現地の米国人社員と英語で互角に渡り合おうとする中ではかなりの修羅場を体験することになった。

山本の所属する会社は日本では名が知られているものの、米国では当時まだ無名だった。そのうえ、「英語ということもあり、意見を主張する力が足りず現地のメンバーや上役をなかなか動かせず、思うように仕事は進みませんでした。また、肩書の影響が日本よりも大きく、Ph.D.（博士号）を持っていなければ相手にされないような慣習もありました」と、国境を越え異文化圏で働く苦悩が待っていたのだ。

しかも現地社員にとっては親会社から乗り込んできた外国人であり、「何ができるんだ」という目で見られがちでもあった。言葉のハンデを超えて「何ができるか」をきちんと主張できなければ仕事をうまく進められず、議論で負けることになった。日本から上役が来たときだけ現地社員が成果を見栄えよくアピールして出し抜かれたりもした。山本もさまざまな取り組みをしたものの決定的な成果を残せないまま出向を終えることになった。

山本はこの経験を挫折だと話すが、この後の人生に大きな影響を与えることになる。「いつかもっと力をつけてこの現地社員のような人たちを使ってやろう」と、「グローバルで活躍するリーダーになる」という想いを強く心に抱くことになったのだ。「これだけはあいつに聞け」をつくるという持論に「グローバルリーダー」というキャリア感が加わった。そのためには「主張する力」が大切だと認識し、いかにインパクトを持たせるかに関心を払うようになる。それらさまざまな想いと学びを得て、山本は日本へ帰国した。

幼少期〜社会人4年目までのまとめ

▼この時期に得た能力・知識・精神力（スキル）

- 社会人としての企画・段取り・調整のスキル
- 自身の研究分野の専門知識（タンパク質の人工合成）
- 多様性への理解と対応

【得られた持論】

- 他人から頼りにされるスキルを身につけ、それを発揮していくことが何よりも重要である。

・研究実績だけでは、ビジネスの世界では認められない。それを正当に「主張する力」によって周囲に伝える力を持たなければならない。

▼この時期に抱いていた・湧いてきた想い（ウェイ）

・「これだけはあいつに聞け」を確立しないと組織の中で埋もれてしまう。

【得られた持論】

・強みを持ち、それを発信していれば、周囲は必ず認めてくれる。

▼この時期に直面した周囲との軋轢や試練とその克服（ギャップ）

・異文化環境で働く中でのギャップ（米国子会社出向時）を「サイエンスだけは負けない」と戦える土俵を確保し、足りない部分は悔しさをエネルギーにして将来に向けた自己の成長指針とした。

【得られた持論】

・米国での経験から、今後グローバルリーダーとしてさまざまなギャップへ対処するためにもっと多様な武器（両立型や突破型もとれる肩書や実績、「正当に主張する力」など）をつくり上げなければならない。

社会人5年目～12年目　研究開発部門　組合　ジョイントベンチャーでの経験

米国子会社出向から戻った山本はほどなく、労働組合員という新たな任務に就く。研究職を務めながらの二足のわらじである。「企業経営の一端を学びました。労使課題を通して会社がどう成り立っているのかを知り、会社の施策・人事制度をきちんと理解することにもなり、大勢の前で話す力も鍛えられました。納得できなければ会社と議論を重ね、上役やさまざまな立場の担当にも顔を覚えてもらえました」と振り返る。

「これは日本企業独特のリーダー育成方法だと思うんです。いろいろな人と話し、話し好きの僕が人の話を聞くことを覚えました。まず相手が言いたいことを十分語ってもらってから本題に入る、これが大事でした。1時間くらい話を聞くとみんな落ち着いてくるので、僕はその後から話をしました」。「いろいろなタイプの人・背景があり、時に複雑な状況の中でどうコミュニケーションするかという苦労はあるが、コミュニケーションスタイルも鍛えられ、とてもよいリーダーシップ開発の場になった」という。

山本は労働組合員として活動しつつ、ほどなく本職の研究員の仕事においても経営に近い分野の仕事に携わることになった。それは医薬ノウハウを持つ山本の会社と診断ノウハウを持つ日系の会社とのジョイントベンチャーとして研究所を立ち上げ、創薬のシーズ探索研究を大学との産学連携で行うというものだった。

医薬品は、初期の研究開発から公的機関の認可を取得して最終製品が上市されるまでに長い期間とコストがかかる。そのうえ、成功確率も非常に低いが、逆に言えばこの成功確率を高められれば収益性に大きなインパクトとなる。このジョイントベンチャーはまさにその成功確率を高めることを目指し、シーズ探索と呼ばれる研究開発の最も初期段階においていかに筋のいい研究開発に的を絞ることができるか、という取り組みである。

当初山本は労働組合との掛け持ちで参画するが、2年後、3期務めた労働組合員の役割も終え、晴れて正式に研究所へ出向し、また研究の世界に全力で没頭する日々となる。社運がかかっている中で「やりたいことをどんどん提案しました」。米国での経験以来意識してきた「主張する力」は、労働組合活動を経て研究所という舞台で遺憾なく発揮されたが、ここでもやはり修羅場があった。社を挙げての肝入り事業だけに、求められるレベルは高く、プレッシャーも厳しく、気が滅入るほどだったという。

「このときばかりは本当に辛かったですね。仕事好きの僕が毎日気持ちが沈んでいて、月曜の朝職場に行くのがものすごく嫌でした。でもこのときは奥さんに本当に助けられたんです。僕の持ち味を認めてくれていて励ましてくれました。子どもは3人いますが、当時3人目が生まれたばかりで大変だったときに私を支えてくれたことに本当に感謝しています」。

逆境を常に成長のバネにする山本は、この辛い日々にあっても家族の助けを得ながらまた新たな行動をとる。ある知人への相談がきっかけでビジネススクールに通い始めたのだ。そして「こんなにすごいものがあるのか」と人生を変える衝撃を受けたのがマーケティングのクラスである。医薬とマーケティングが〝サイエンス〟という共通性でつながり、「面白い、これを仕事にしたい」という強い衝動を感じた。

「グローバルリーダー」というキャリア感に、さらに「マーケティング」が加わったのだ。

その後ビジネススクールに通ううち、マーケティングを含めた経営に近い仕事をしたいという想いを強くしていたころ、米国出向時の先輩から「ちょうど経営企画部のポジションがあるぞ」と誘われ社内の選考を受けられることになった。偶然に舞い込んだチャンスに見えるが、実は必然的にチャンスを呼び込む山本の普段からの行動があったことは見逃せない。明確に意図していたわけではなかったと山本は話すが、ピンチを跳ね返しつつ運を呼び込みやすくする普段の行動があってこそのチャンスであった。医薬品開発の成功確率を高めるための研究は、人生のキャリアを成功させる確率を高めるうえでも共通点がある。山本は無意識的にもそれを結びつけて実践していたのかもしれない。

さて、経営企画部異動のチャンスを目前にした山本だったが、結果としては年齢が若いという理由で候補から外され、最終的には山本よりも年上の先輩が異動することになった。運は呼び込んだが、あと一歩のところで想いはかなわなかった。この悔しい思いをきっかけに、山本の会社に対する思いの変化が加速する。その思いの変化とは、次のようなことである。

ビジネススクールで視野を広げた山本はどんどん提案を挙げたが、「山本くん、あと10年待てばいくらでもやれるようになるから、待ちなさい」と言われることが多かったという。今変える必要があるのに10年も待っていては意味がない。山本は業務成績も残し、早期の管理職昇進や、いずれは経営企画やマーケティング部門への異動もかなったことと思われるが、「いずれ」を待っているのでは物足りないと感じるようになっていた。

またジョイントベンチャーの業務を通しても新たな想いを持つようになる。それ以前の抗ガン剤分野から診断分野に深く携わるようになっていたが、抗ガン剤が「延命」関連分野だとすれば、診断は「根治」の関連分野となる。つまり、前者が「もう治らない状態から命をいかに長持ちさせるか」という分野であり、後者は「病気を未然に防ぐ」、「治るうちに治す」といったような分野だが、山本の関心は後者へと移っていく。言い換えれば「生涯寿命」よりも「健康寿命」への関心で、人が幸せに生きていくうえで、「健康寿命」を延ばす分野を発展させたいと思うようになったのだ。

そんな変化が起きていたころ、知人から外資系医療関連会社でのマーケティング職ポジションを紹介され、「直感的」にこれだと感じて転職を決意する。「直感的」に判断できる前段では前述のようなキャリア感について日常的に考えていたことがある。経営を学ぶ中でも興味を持った会社であり、グローバルリーダーになるというキャリア感にも、マーケティングがやれるという希望とも合致した。運を呼び込む行動と同様、日ごろから自身の仕事観や将来へのキャリア感を振り返って準備していたことで直感的ともいえるスピーディーな決断となった。

かくして新卒以来12年半勤めた会社を離れ、山本は新たなキャリアへと舵を切った。

社会人5年目～12年目までのまとめ

▼この時期に得た能力・知識・精神力（スキル）

・多様性に対処するセンス・スキル、大勢の前で話す度胸、労務関連の法令知識
・経営知識・スキル（ＭＢＡ）
・診断領域の知見

【得られた持論】

・相手のタイプや置かれた状況で自身のスタイルを変え、バランスをとるのがよい。

▼この時期に抱いていた・湧いてきた想い（ウェイ）

・家族がいるからこそ働くことができるという感謝の気持ち。

・組織のルールにとらわれることなく、さまざまな環境や経験のすべてを活かして、今できることをしたい。

【得られた持論】

・「患者への想い」をベースにすべてを考えればうまくいく。

▼この時期に直面した周囲との軋轢や試練とその克服（ギャップ）

・労使間に存在したギャップ、求められる能力と持っている能力とのギャップについては、正面から学び続けることで能力を高め克服した。

【得られた持論】

・徹底的に聞き役に回ることで、立場の違いを乗り越えることができる。
・平常時は最大限環境を活かすように動くが、ここぞという時には正しいと思うことに舵を切る思い切りも必要と認識し、そのように行動する。

社会人12年目〜18年目　マーケティング部門（日本）　キャリアチェンジ

新たな会社のマーケティング本部に入社し、研究員からマーケターとしての新たなキャリアを歩むことになった山本は、新たな職場でも「これだけはあいつに聞け」を確立すべく提案型で仕事を創っていく。

3カ月・半年・1年のスパンでそれぞれ結果を出すと決めた山本は、まずは周囲にはない自身の優位性を考え、自分だけが臨床経験者で「医療の現場を知っている」という点に目を向けた。そこで山本は、臨床の経験と人脈を活かして早速ある国家プロジェクトを発掘し、海外本社の承認と国からの予算も取り付けて発足させる。入社して約3カ月のロケットスタートを実現させ、最初の目標スパンでの結果を出す。

さらに入社してすぐに感じていた「ちゃんとしたマーケティングをしていない」という課題にも手を打つ。「ちゃんとしていない」と感じたのは、リサーチをもとにした判断や事前の検証が抜け落ちているという点であった。当時のマーケティング本部は市場性の有無にかかわらず本社が言うままに臨床開発や薬事申請（上市のための役所への申請手続き）を行うことを前提にしていた。「まずは学会で発表しよう」とか「カタログを配ろう」とかいきなり打ち手に進んでしまい、まず分析から入り検証を経たうえで打ち手に進むような、本来のプロセスにはなっていなかったという。

そこで山本は「ちゃんとしたマーケティング」をマーケティング本部に浸透させようと提案を挙げ、その手始めとしてビジネススクールの学びを活かした社内のマーケティング教室を開催する。実際の仕事を持ち寄り、レクチャーも織り交ぜながら実際のプランニングや問題解決を行うアクションラーニングで行った。「製品を上市するにもきちんと訴求ポイントをまとめて、どんなお客さんに売るかというターゲットを絞ることからやりましょうと。それで市場性がないなら本社に戻すこともありです。それを経て学会が有効であれば学会です」というように、徐々に「ちゃんとしたマーケティング」を浸透させた。

入社早々ビジネスを創り、さらに「ちゃんとしたマーケティング」の浸透を進めた山本は、実績を買われ1年半でマーケティング企画部長に昇格し、全製品のマーケティング企画を数名の部下とともに推進するポジションに就く。そしてポジションのみならず課題の難易度も上がる。山本が新天地として入社した会社は、外資系企業の中でもとりわけ業績の成長に対して厳しい会社だが、そのことで「患者のために」と「業績の成長」を同時に追求していく難しさを経験する。

「この会社で絶対的に大切にされている文化の1つは、〝成長〟ということです。つまり期待される成長を示せなければ、その事業は清算の対象になってしまいます」。

成長に高い責任を持つプロフェッショナルな文化だが、働く社員にとっては強いプレッシャーとなる。結果として短期視点になったり、タテ割りの組織を生むことになったりもする。そしてそれが成長の阻害要因の1つにもなっていたという。

「タテ割りでは勝ちにくい状況になってきています。市場も技術もある程度飽和状態にあり、日本市場ではやはりある程度日系企業が強い。やらないといけないのはタテ割りを壊し、組織横断のビジネスを展開することだと感じていました。お客様にとっては、自社の数ある製品やサービスがばらばらに提供されるよりもトータルに統合された価値があるほうが利便性が高まります。例えば1つのモニターであらゆる機器からの情報が一覧できる、連携が容易、といったようなトータルな価値です。それをやらなければこの事業も社の成長期待には応えられなくなると感じていました」。そんなことを考えていたころ、山本にはまたある転機が訪れ、想いの実現にまた一歩近づけることとなった。

それは〝ジャパン〟ではなく〝アジアパシフィック〟のポジションへの就任である。そのポジションとは、多国間にまたがるマーケティングを推進する部門の部長という、山本が目指してきたグローバルリーダーへ一歩近づき、かつタテ割りを壊したいという想いを実現しやすく、一から新たなことを創っていくことが期待される、想いの実現にも山本のスキルや特性にもマッチしたものだった。

山本の普段からの「自己主張のうまさ」が会社にこの人事を決断させたのかもしれない。普段の働きかけ・発言の中に想いや問題意識・キャリア感を込めて主張していたことは、それだけでは決まらないものの、会社の適切な判断を引き出す材料となったはずである。

山本は、新しいポジションでまた新しい挑戦を展開する。

社会人12年目〜18年目までのまとめ

▼この時期に得た能力・知識・精神力（スキル）

- 海外本社とのやりとりを通じて、主張する力×英語力
- グローバル企業勤務を通じて、多様性を受け入れ、バランスをとるチームづくりをする力

【得られた持論】

- 新規プロジェクトの場面でのリーダーシップスタイルは支援したり、コーチングをしたりする方法が有効である。

▼この時期に抱いていた・湧いてきた想い（ウェイ）

- 「顧客である患者に必要とされることをしたい」という想い
- さらなる企業の成長のために「部分」ではなく「全体」を見る必要性への想い

【得られた持論】

- 何よりも実績が重要であるが、質を担保することを前提に量も追求しなければならない。

▼この時期に直面した周囲との軋轢や試練とその克服（ギャップ）

・現実に行われていたマーケティングと自分の理想とするマーケティングとのギャップを勉強会を開きながら、メンバーのスキルを高め、乗り越えていった。

【得られた持論】

・主張するところは主張し、相手の目線で実利を織りまぜながらベストの道を獲得していくことが大切である。

社会人18年目〜現在（22年目）　マーケティング部門（アジア全般）　部門横断組織での活動

アジアパシフィックにまたがるマーケティングを行う部門でマーケティング部長となった山本は、「事業部個々の勝負ではなく会社の総合力の勝負」への挑戦を、早速ある製品を形にすることで進めていく。

「当社では初めてとも言える国境を越えた組織横断型の製品開発事例で、本社がいくつかの事業の売却を進めたうえでその分のリソースを投じて強化しようとしている方向性にも合致した展開です」。

その前段では横断型を実現するためにまず予算取りと人員配置を巧みに実行する。具体的には、各部門からではなくその上の層となるＣＯＯ、ＣＴＯから予算を取り付け、人員も適切な部門から横断的に選抜してプロジェクトを組成した。

そうしてこれまでで最も難解な課題に1つの成果を生み出そうとしている山本だが、それでもまだ課題は解けていないという。

「ここまで明確に横断的連携の成果を形にできつつあっても、それでも全世界で数万人の組織はそう簡単には変わらないなとつくづく思います。誰もが強いプレッシャーの中で戦っていますし、それぞれの部門にはそれぞれの思惑がありますから」。組織が大きければ大きいほど全体最適と部分最適の落としどころは難しく、また正しくても全体が簡単に一方向を向くわけではない。山本が開けた風穴を広げるにはまだまだ手を打つ必要があるのだ。

「もっと力強い変革のために他にも実績を打ち立てなければいけない」と山本。実績に語らせることで周囲を変えていく必要を強く感じている。そしてもう1つ大切なことは「バリュー（価値）を語り続けること」だと言う。そのバリューには大きく3つ、「クリニカルバリュー（臨床診断や治療の効果など）」「コストベネフィット（入院期間減や病院のコスト減など）」「オペレーションの実現性（無理なく少ない人数で回せるなど）」がある。中でも最も大事なのが「クリニカルバリュー」で、まさに山本がずっと抱いている「患者のために」の視点である。

「クリニカルバリューを語るうえで、臨床現場に行って観察したり先生の話を聞いたりというのが欠かせません。僕は今でも白衣を着て一週間オペ室に入るようなことも定期的にやります。そこで先生たちの苦労とか患者さんの声とか、現場のどんな状況で自社製品が使われていて、それが国や状況が違えばどう変わるのかとかが見えてきます。インタビューでいいという声もありますが、それじゃ先生が普段困っている（すでに認識されている）課題しかわからないんです。でも現場に行って観察調査なんかすると、例えば、日本だとメスを握る先生を周りのスタッフがさまざまな形でサポートしますが、フランスなんかでは手術する先生を除いてスタッフは横で携帯をいじっていたりする。それを知っていれば、製品も先生に使いやすいものをつくるべきなのか、他のスタッフに使いやすいものをつくるべきなのかが見えてきます。そんな現場の状況を知らずに、本当の意味で医療の現場に役立つクリニカルバリューは語れません」。その言葉には事実に基づく説得力がある。山本が組織横断のプロジェクトを成功させつつあるのはそんな思考や行動にも秘密があると言えるだろう。

山本は社会人22年目を迎え、この製品の上市後の展開を考えている。1つの大きな方向性としては「日本をもう一度注目される国にすること」だ。日本のよいものをもっと世界へという国外へ向いた方向と、超高齢社会の先陣を行く日本の医療課題に世界の英知を結集するという国内へ向いた方向とがある。「日本発の世界標準をつくってまた日本が注目される国になれば、次世代のグローバルリーダーが育つ土壌もつくれます」と話す山本の言葉には、自身を含めて日本人リーダーへの想いがこもる。

この先何をやるにしても一貫して変わらないであろうことは、「〝これだけはあいつに聞け〟を追求する」、「うまく主張する×どんなピンチもチャンスとして捉える＝運を呼び込む」、そして「すべての根底に〝顧客のために〟を置いて考える」、といった磨き上げられた持論だろう。そして磨き上げられた持論は、これからもさらに磨き上げられることによって山本の人生に力を与えるものになる。

社会人18年目～現在までのまとめ

▼この時期に得た能力・知識・精神力（スキル）

・クロスファンクション＆地域を越えたプロジェクトマネジメント
・対エグゼクティブクラスから予算を獲得する主張力

【得られた持論】

・階層を超えた意思決定者へのアプローチも、関係者との関係構築をベースに、相手にとってのロジックが通っていてそれをシンプルに伝えることができれば通すことができる。

▼この時期に抱いていた・湧いてきた想い（ウェイ）

・日本をもう一度注目される国にしたい。

【得られた持論】

・自分は「日本・日本人」に貢献したいという強い想いを持っている。

▼この時期に直面した周囲との軋轢や試練とその克服（ギャップ）

・全社視点と部門最適視点とのギャップを徹底したわかりやすいコミュニケーションで埋めにかかった。

【得られた持論】

・大きな組織を動かしていくためには、徹底した価値感の共有が必要であり、自ら率先してその浸透を推進することで乗り越える。

◆3つの力（スキル、ウェイ、ギャップ）の維持・回復・強化

維持

・学び続けるとともにアウトプット（他者へ教える）機会を持つ。

・自分を振り返る機会を持つ（3年日記）。

・小説や漫画、大学・大学院時代の友人・よきライバルの存在など刺激を受ける機会を持つ。

・家族との時間、最近始めた瞑想を楽しむなど、リセットできる機会を持つ。

回復

- 目の前のことに集中し、最善を尽くす。
- 自分を奮い立たせる根幹の想いを確認する。
- ピンチをチャンスと捉える。

強化

- 志を持ち、自己の成長とともに段階的に高めていく。
- より大きな舞台を求め続け、転機を捉え、責任を背負い自ら機会を切り開くチャレンジ精神・行動
- たゆまぬ自己能力開発（英語、ＭＢＡ、プレゼンスキルなど）

事例 6

「人のためになることをしたい」という想いを軸として生きる

日本財団　ソーシャルイノベーション本部　上席チームリーダー

青柳光昌

■プロフィール

1967年千葉県生まれ。1991年に財団法人日本船舶振興会（現在の日本財団）に入会。1995年の阪神淡路大震災後の復興支援活動にはじまり、障害者の移動困難の解消、NPO支援センターの強化といった市民活動のテーマに取り組む。その後、企画部門にて組織開発や人事を担当。2011年3月の東日本大震災後には、財団内に立ち上げられたタスクフォースのリーダーの任に就き、企業や行政と連携した数多くの支援事業に携わる。2013年グロービス経営大学院修了（MBA）。2015年より、日本での社会的投資の普及や、政府と協働での子どもの貧困対策に従事。共著に『日本型「無私」の経営力』（光文社新書）、『東北発10人の新リーダー』（河北選書）、『復興が日本を変える』（ぎょうせい）。

▼この事例のポイント

青柳光昌（以下、青柳）は、父からの「正しいことをやれ、手を抜くな」の教えを原点に、「人のためになることをしたい」という想いを軸として、社会人になり積み重ねた経験からさまざまな力を「獲得」しながら、各ステージにおいて成果を出し続けてきた。

青柳がさまざまな力を「獲得」できている大きな要因は、その時々に周り（会社、上司、社内外の人々）から求められている役割と、自分が実現したい想いや事柄をうまくすり合わせて、たとえ違いがあったとしても、長期・短期の視点で捉え直すことで気持ちを切り替えるスイッチングを意識していることにある。また幼いころから母にかけられてきた「あなたは運がいいのよ」の言葉から、適度な力の抜き方と切り替えの速さを備えている。そのため、悩みすぎたり、考えすぎたりして立ち止まることなく進んでいける。これは、青柳に限らず、多くのしがらみの中においても折れずに進み続けることが求められる、現代のミドルマネジャーに必要な力の1つだといえる。

小・中学生・高校生時代　価値観の醸成

「いわゆる優等生ではないのですが、必ず一学期に学級委員に指名されるタイプでした」と当時を振り返る青柳は、勉強もスポーツもそつなくこなすオールラウンダーであったという。自分から率先してリーダーをやりたがったわけではないが、選ばれたからには期待に応えたいと頑張るタイプであり、小学生のころからリーダー的なポジションに就いていた。

中学生になってもそれは変わらず、「やんちゃ」な要素も備えていたが、その一方で理不尽なことは決して放っておけなかった。現在の青柳の原点を示すような1つのエピソードがある。あるいたずらをした生徒が担任の先生に怒られたときのことだ。やったこと自体は怒られるべきことだが、その先生の怒り方に理不尽な点があると感じた青柳は、「先生、それはちょっとおかしいんじゃないですか」と率直に意見を述べた。一方の先生も「それは一理あるな。言いすぎたのは先生が悪かった」と認めたという。先生の叱り方に中学生が意見をするとは、考えにくいことだ。

そのころから「理不尽な目にあっている人がいると、相手が先生であろうが誰であろうが、放っておけない。理不尽なことが許せない」という青柳の価値観、正義感は培われていた。

また、この価値観に影響を与えたエピソードがある。

高校1年生のとき。高校からバレーボールを始めた青柳はなかなか試合に出られず、球拾いだけの毎日に嫌気がさし、仮病をつかって一度だけ日曜日の練習を休んだことがあった。それに気づいた父は、「球拾いだって大事なんだ。そんな仮病をつかってさぼるぐらいならやめちまえ」と一喝したのだ。「父は、表舞台に立つ人の裏には、必ずそれを支える人の働きがある。支える人の大切さを、そのとき教えたかった」のだろう。青柳の心に「正しいことをやれ。手を抜くな」の精神が深く刻まれたエピソードである。

人に期待を寄せられる魅力と、期待に応える力、相手が誰であれ間違っていると感じたら率直に意見をぶつける素直さは青柳が幼いころから自然と身につけていたヒューマンスキルといえる。

大学時代〜就職　日本財団への就職

青柳が就職活動を行った1990年ごろはバブルの終わり、金融業界を筆頭にいかに給料の高い会社に入るかと皆が考えている時代であった。公務員を志望する人は少なかったが、青柳は「何か人のためになることをしたい」と考え、財団法人日本船舶振興会（現在の日本財団）への就職を決める。

日本財団とは、公営競技の1つである競艇の収益金をもとに、海洋船舶関連事業の支援や公益・福祉事業、国際協力事業などを行っている資産規模で日本最大の公益財団法人である。ここに、青柳の将来の方向性を決める大きなきっかけとなった旅がある。大学3年の夏に、初めての海外旅行で、エジプトに4週間の旅に出た。そこで貧困の様を実際に見た青柳は大きなショックを受けた。漠然とではあったが、青柳の中に「恵まれた自分は何か人のためにやらないといけないのではないか」という想いが生まれた瞬間であった。

そして、その旅路で同じ歳の女子大生と出会う。彼女の「大学を卒業したら、もう一度看護学校に通い直して資格を取りNGOで働く」という決意を聞いた青柳は、「このまま民間企業に就職したら、自分に嘘をついているようで嫌だ」と感じたという。「自分も踏み出さなくては」という想いが青柳の歩む道を決めた。青柳が幼いころから何となく抱いていた想いが彼のウェイの確固たる軸となった瞬間であった。青柳は語る。「彼女のあの決意を聞かなければ、今の自分はいないかもしれません」。

社会人1年目　新人研修　ボートレース選手育成学校での1年間の合宿生活

日本船舶振興会（当時）に入会した青柳を待ち受けていたのは、山梨県本栖湖にあるボートレーサー（競艇）の育成学校での1年間の訓練生活であった。「働くことの基本を叩き込まれた」と振り返る育成学校での生活は、海軍軍隊形式で、大部屋8人暮らし、朝は5時55分に起床、外出は月に一度あるかないかで、自由に外に出ることも許されない。モータースポーツは危険と隣り合わせのスポーツである。だからこそ、危険から身を守るために「とにかく決められたことだけをきっちりやる」ことを叩き込まれる。育成学校はこのスタイルを極限まで追求した世界であり、まさにルーティンだけをやることに集中するよう鍛えられる。「人権より人命」の世界。人命あっての人権なのだ。

この生活には「理不尽なこともいっぱいあった」が、ボートレースの現場には命がかかっていること、そして財団資金の源泉がここにあること、現場に関わっている人を理解し、仕事に対する心構えを学んだ。

そんな青柳だが、3カ月も経てばルーティンがきちんとできるようになってしまった。そして心の中に不安が芽生えていた。「ルーティンはこなせるようになったが、残りの8カ月このままでいいのだろうか。これで財団の仕事に戻ったら自分がやりたいと思っていたクリエイティブな仕事ができるようになるのか。いや、このままだと1年経ってもそうならないんじゃないか、それはまずいな」。そこで、「ルーティンは完璧にしてやろう。そのうえで、ちょっとした工夫やアイデアを鬼教官たちに提案したり、相談するぐらいのことをやらないとだめだ。このままだと使い物にならない社会人になってしまう」と自分自身を鼓舞し、自らの新たな課題を設定する。

青柳はこの生活から、「期待どおりのことは必ずやる。そのうえで自分の考えを加えて、自分の考えを提案する」ことを身につけたのである。

小・中学生・高校生～社会人1年目までのまとめ

▼この時期に得た能力・知識・精神力（スキル）

- 強い正義感
- 相手が誰であれ自分が違うと感じたら率直に意見をぶつける素直さ
- 最低限のこと、期待されたことは完璧にこなす力

【得られた持論】

- 社会人として、決められたこと、求められたことを〝完璧〟にこなさないと何も始

まらない。

▼この時期に抱いていた・湧いてきた想い（ウェイ）

・周囲に期待される以上、期待に応えたい。

・自分が正しいと思う道を進みたい。

・自分の根底に流れる想いは「人のためになることをしたい」だと認識。

【得られた持論】

・やるべきこと、求められることをやったうえで、自分が正しいと思うことを主張し、実践したい。

▼この時期に直面した周囲との軋轢や試練とその克服（ギャップ）

・研修生活で求められる姿と自分が目指す姿とのギャップを、まず求められることをクリアすることで埋めた。

【得られた持論】

・相手の要求をクリアしたうえであれば、自分の想いを行動に移すことができる。

社会人2年目〜5年目　会長秘書　日本財団の真の意味の理解

1年間の寮生活を終えた青柳は、事業部配属になるものと思っていたが、笹川良一会長（当時）の末席秘書として秘書室に配属された。青柳は、最初とても驚いたという。新人研修を終えて、これから「事業をやっていこう」とやる気溢れる25歳である。若いころから事業部に配属して事業に携わり、経験を積ませるのが日本船舶振興会の若手育成方針であり、現に同期の2人は事業部に配属されている。しかし、そこは青柳の都合のよい解釈によって、与えられた環境を咀嚼して捉えなおすことで乗り越えている。

「笹川良一はまぎれもなくこの業界をつくってきたトップであり、第一人者である彼を支えていかないと事業も何もないじゃないか。自分はその一端を担っていると考えよう」と、青柳は「自分でなんとか気持ちに整理をつけた」。自分に与えられた仕事、その意味づけの再整理ができるところが青柳の強さである。

笹川良一に最期まで付き添った一人として、青柳には「笹川良一が築き上げた社会的システム（競艇によって生み出されたお金を、世の中をよくする事業にまわしていくサイクル）が途切れてはいけない、その継続の責務を自分は背負っていくんだ」という覚悟と強い自覚ができた。「社員に聞けば皆そう答えるだろうけど、理屈じゃないところで、自分は骨の髄から思っている」と語る。漠然と「人のためになることをしたい」と思ってきた軸に、新たな動機（ウェイ）が確固たるものとして加わった節目であった。

社会人2年目〜5年目までのまとめ

▼この時期に得た能力・知識・精神力（スキル）

・与えられた仕事の意味づけを再整理する力

・人と接するときの姿勢、気遣い

【得られた持論】

・社会的地位や仕事に関わらず、相手を敬う気持ちで人と接することが大切である。

▼この時期に抱いていた・湧いてきた想い（ウェイ）

・秘書として会長を支えていきたい。

・笹川良一が築き上げた社会的システムを受け継いでいきたい。

【得られた持論】

・笹川良一がつくり上げた「日本財団」という社会的システムを受け継いでいくことに価値がある。

▼この時期に直面した周囲との軋轢や試練とその克服（ギャップ）

・自分の志望先と会社辞令のギャップを都合よく捉え直し、適応した。

【得られた持論】

・現在が望む状況でなくても、与えられた仕事がつながる先に目を向け、視座を高めることで仕事の意味合いを捉えなおせばよい。

社会人6年目～11年目　事業部配属　阪神淡路大震災復興支援とNPO支援センター立ち上げ

青柳の初めての事業部配属は、阪神淡路大震災から1年後、神戸の街に、市民活動を根付かせるというミッションであった。阪神淡路大震災においてボート業界全体では72億円を拠出していたが、そのうち8億円を基金化して3年間で神戸の街の市民活動に使えるようにするというプロジェクトで神戸に赴く。当時の上司は、いわばお役所的な「申請主義」のやり方を根底から覆し、相手と真摯に向き合って話を聞く姿勢を貫き、青柳が加わった1年後には地元の信頼を完全に得ていた。青柳自身のロールモデルの1人となっているこの上司の背中を見て学んだことが、その後東日本大震災時に活かされることになろうとは、このときの青柳には思いもよらなかった。

その後、神戸のプロジェクトと並行して青柳自身が初めて企画をした、「福祉車両の輸入プロジェクト」においても、まだ係長になったばかりの29歳であった青柳に上司はすべて任せてくれたという。全国キャラバンを行い、日本に初めて輸入される福祉車両（重度の肢体不自由でも自ら運転できる）ということでメディアにも数多く取り上げられたが、インタビューも

「ニュースステーション（テレビ朝日）」（当時）への番組出演もすべて青柳自身が行った。

上司に教わったのはそれだけではない。「助成財団としてコミットしつつも、少し引いた冷静な立場で物事を見ることを忘れるなということだった。『面』の視野から『点』を見るということ。全体の構造を面で把握して、その構造を変えていくためには、どういう点、つまりどんな事業を生み出すべきなのかを考えろ」。仕事に対するスタンスや何が大事なのかを、上司から教わったのだ。

その後、1998年NPO法が成立するのに合わせ、行政から資金が投入され、これからNPOが数多く立ち上がるであろうことが予測されたが、「行政に支援されるNPOを増やすのは、同法の成立経緯や趣旨にも合わない。民間は民間で自立すべきである」と青柳は考えていた。そんな中、日本財団として「すでに各地で育っていたNPOを支援するための民間の中間支援センターを短期的に運営補助する必要性を感じ」、青柳はその支援を提案していた。しかしその運営補助の必要性が役員会で理解されず、否決されそうになったことがある。幼いころから「筋が通らないことが嫌い」な性分の青柳は、当時会長を務めていた曽野綾子に直談判にいき、その必要性を説き、「やらせてくれなかったら、成功も失敗もないじゃないか」と熱く訴えかけ、最終的には許諾をもらうに至ったという。自分が「違う」と思ったら相手が会長であっても、ぶつかって戦いにいく姿勢は、先生の理不尽な怒り方に「間違っているのではないか」と意見をぶつけた中学生のころの姿勢から変わっていない。

青柳は言う。「日本財団には『善意の失敗はこれを咎めない』という文化があります。けれど、その文化を理解はしていても立ち向かう相手によっては、真っ向から意見を述べることを躊躇してしまう人は多いかもしれません。それでも（きちんと仮説を持って考えて、だからこういうことをやったらいいと思う、と発言するならば）大丈夫」と青柳がわかっているのは、秘書時代に真に会長のそばで、会社の中枢で働いたからこそ得られた、青柳の強さの1つといえるだろう。

社会人6年目〜11年目までのまとめ

▼この時期に得た能力・知識・精神力（スキル）

- 企画実行力
- 点（事業）と面（全体構造）で捉える力

【得られた持論】

- 一つひとつの現場を見ることが重要だが、それを全体構造に消化させて、俯瞰することが大切である。

▼この時期に抱いていた・湧いてきた想い（ウェイ）

・自分が「正しい、必要だ」と考えたことは信じて突き進んでいく。

【得られた持論】

・現場を大切にしたい。そして、その現場に立脚した提案には力がある。

▼この時期に直面した周囲との軋轢や試練とその克服（ギャップ）

・自分の提案と役員の意見のギャップに正面から向き合い克服した。

【得られた持論】

・自分が必要だと感じたら、上層部と戦うことも辞さないし、そのような挑戦なくして成功は生まれない。

社会人12年目〜14年目　経営企画　組織機構の大再編

青柳が係長として総務部企画課（のちの経営企画チーム）に異動してから1年が経ったころ、かねてから日本財団内部での懸案事項であった、「組織機構の大再編」に着手することになった。青柳の考えで、プロジェクトメンバーは役職に関係なく公募によって集めることになった。社内から5名ばかりが集まったプロジェクトメンバーで週に数回、コンサルタントなど外部の力を一切借りずに、1年かけて自分たちだけで〝職責の見直し〟と〝新たな人事制度〟を考えていくことになる。

組織機構を変更するため、当然社内には反発もあった。「この改革はやらなければならないもの」という地ならしは上司が引き受けてくれていたため、青柳はチームの仲間と「あるべき姿」と考えた内容を提案し、実行に移すことに集中できた。一方で青柳は、「これだけ好きにやらせてもらえる組織ってあまりないんじゃないかな」とも語り、自分の組織の特徴もしっかり認識している。

また、青柳は「日本財団はそもそもお金を『使う』ことに専念する組織なので、人こそが財産である。100人規模の小さな会社なので、人事を専門とするチームもなかった（それまでは総務が担当していた）が、人材育成専門組織をつくらせてほしい」と改革案に含めていた。これを受け、青柳の提言は自らの「人材開発チーム課長就任」として受け入れられることになる。管理職への昇格であった。

社会人15年目〜16年目　関係組織への出向　新しい事業の立ち上げと自治体の巻き込み

このころ、ボートレースの売り上げを伸ばさなくてはならないという業界全体の課題意識から、街中の空き店舗に小さな場外舟券売り場をつくるための営業部隊（関連団体）を立ち上げ、青柳は初めて社外出向を経験することになる。空き店舗の有効活用とは言っても、小さなギャンブル場を町につくることを意味し、地元からの理解を深めることが求められた。しかし、チーム全体でおよそ100自治体をまわるもうまくいかず、就任中に実現したのがわずか2カ所という有様だった。これまでの「やったらやっただけ何かが見える」という仕事とはまったく違う仕事。出向先の上司（役員）と出向元（日本財団）の上司とから真逆の指示を受け、股裂き状態の日々。なんとかやる気だけは保っていたが、初めて味わう人間関係の難しさや遅々として進まない独特な仕事、そして結果が見えない日々は「本当につらい2年間で、心が折れそうだった」と振り返る。

青柳がマラソンを始めたのはある種の反動だったのかもしれない。出向2年目を迎えたころ、青柳は東京マラソンを走った。「スポーツはやったらやっただけ結果が伸びます。マラソンは一番わかりやすいですね。初心者のころは特に、『練習は嘘をつかない』というか、距離が伸びる、時間が縮まる、みたいなね。当時は確かに結果がすぐ見えるものがほしかったし、マラソンは結果が見えたから面白くなりました」。自分が今最も欲している「結果」を、仕事からはどうしても得られない状況ならば、その他のところから得て気持ちを切り替えようという青柳の姿勢の表れがマラソンだったのではないだろうか。

来るべき時に備え、新しい価値を社会に出していくために、大学院に通い、学びなおそうと考え始めたのもこの時期だ。こうした気持ちの切り替えが、青柳がやる気を失わずに過ごせた秘訣といえる。青柳は初めての「心が折れそうな経験」から気持ちを「維持」「回復」する持論を習得したのである。

社会人12年目～16年目までのまとめ

▼この時期に得た能力・知識・精神力（スキル）

・人事・組織に関する知見
・「心が折れそう」な環境においても、小さな成果を認めてモチベーションを保つ力

【得られた持論】

・知識がゼロの業務でも、真剣に取り組めば何とかすることができる。
・小さい成功でモチベーションをある程度保つことができる。

▼この時期に抱いていた・湧いてきた想い（ウェイ）

・「人を大切にする組織にしたい」という想い

【得られた持論】

・組織の利益や発展につながる提案であれば必ず周囲から認められる。

▼この時期に直面した周囲との軋轢や試練とその克服（ギャップ）

・出向先と出向元から寄せられる期待のギャップを、別のことに目を向けることから、

しのいだ。

【得られた持論】

・どうしても埋められないギャップが存在するときは、別のことに意識を向け、必要以上に引きずられないようにすることが大切だ。

社会人17年目～19年目　海洋部門　第二の人生の始まり

日本財団における〝本丸〟の仕事、海洋部門への配属は入会17年目のことであった。ところがその年の夏、青柳にがんが見つかった。41歳のことである。幸い早期の発見であったことから腎臓を1つ摘出しただけで他臓器への転移はなく、仕事も約1カ月休むだけで復帰することができた。よき上司、仲間に恵まれ、周囲が温かく待っていてくれたおかげで青柳は余計な焦りなど感じることはなく、無事に復帰することができた。この経験を経て「いろいろなものがふっきれた感じ」だと語る。自分が進みたいと思う道、実現したいと思う事業に向かって、まっすぐに進んでいこうと決意をしたのだろう。もしかしたらなかったかもしれない人生なのだ。無駄に悩んで先延ばしにしたり、立ち止まったりする時間はもったいない。だからこそ、自分が「信じる」道をひた走る、青柳の第二の人生の歩み方が決まった「節目」であった。

社会人20年目～23年目　震災対策リーダー　東日本大震災復興支援

東日本大震災から2日後の２０１１年3月13日（日）朝8時、日本財団の全役員、全管理職をはじめとする約30名が集まって緊急会議が始まった。すでに青柳の後輩が震災発生直後にネット募金口座を立ち上げており、阪神淡路大震災を経験した関西のＮＰＯから街頭募金がどんどん集まってきていると報告があった。笹川陽平会長が会議をリードし、現地の情報が取れない中、ありとあらゆる経験と想像でこれから中長期的に必要となることを挙げ、「日本財団の全総力をあげて取り組む」と全員で意思確認をしたが、肝心の体制はどうするかについては論じられずにその日は終わる。

青柳の頭にあったのは「すでに寄付が集まり始めているということは、日本財団がこの世の中から期待されている証拠だ。期待されているのに、しっかりやらないと（財団が）格好悪いじゃないか。やらないでどうする」という想いだったという。「多くの人の善意を無駄にしないように、しっかり期待に応えないといけない」。常に「周囲の期待に１００％で応える姿勢」を貫いてきた青柳が、この状況でどうすれば日本財団が日本全国の期待に１００％以上で応えられるか、頭をフル回転させていた。

帰宅後、青柳は「これから必要になると考えられる財団の体制」をメールに書いて担当常務に送り、そして翌日の3月14日に企画書を提出した。「俺が、俺が」という気持ちは毛頭なかったが、自分が提案する以上、任される覚悟はあった。「このメールを出したら、火中の栗を拾うことになることはわかっていた。けれど、気がついているのに行動しないのはもっと格好悪い」という気持ちが、青柳の背中を押した。「ええかっこしいなんですよね」と笑う青柳。しかし、それだけで背負えるような話ではもちろんない。「やれと言われたらやる」覚悟はあった。そして翌日、青柳は「震災対策リーダー」に就任した。

発災後しばらくして、会長から「今、東北の皆さんに最も必要なのはとにかく現金だ」というメッセージが青柳の元に届いた。会長自身の「東京大空襲の焼け野原を母と2人でさまよったとき、現金がなく食べ物が手に入らなかった。幼少でただただ心細かった」という経験から、まずは現金が必要だと改めて考えていたのだ。日本財団にとっても、もちろん青柳にとっても、前代未聞の取り組みだった。しかし、「やらない理由、できない理由は挙げればいくらだってある。ただそれを挙げても何も始まらない。だからできうるかぎりの方法を考え出し、『これだったらできるかもしれません』と一言添えて提案した」。ただし、「金のばらまき」と批判されるリスクもあることを付け加えることは忘れなかった。

現地での現金調達が不可能だったため、銀行から東京本社会議室にお金を持ってきてもらい、社員がひたすら5万円を確認しながら封筒に入れる作業。全部で5000セットを用意した。

ジュラルミンケースが足りず、急遽量販店に行ってスーツケースを買い集め、その後20余人の社員で2億5000万円をワゴン車に載せて、一路石巻へ。警備員は同行せず、社員だけの緊張感漂う旅立ちだった。

こうして「1年後の100万円より今日の5万円」の想いから始まった、被災者のための弔慰金・見舞金は、6月末までに死亡者・行方不明者を確認できた84自治体のすべてで実施し、合計約7億円を遺族に届けた（最終的には、死者・行方不明者1万7599名分、8億7995万円をほぼすべての遺族に届けた）。青柳の「期待に100％以上で応える」姿勢に、「できない理由ではなく、できる方法を捻り出す」姿勢が加わって、前代未聞のプロジェクトを完遂させたのだ。

「日本財団がやるべきことは、一時的な支援ではなく、中長期的に見て必要となる、そして別の地域でも生きる可能性のある支援」だと青柳は語る。大きなお金を動かせる状況だからこそ、いわゆる「クールヘッド＆ウォームハート」をもって、お金をどう使うかの冷静な判断が必要なのだ。青柳がいかに冷静に東北支援を考えていたかがわかるエピソードがある。

「復興に向けて、外からいろいろな物や人が入ってくるでしょ。いわゆる異物（東北以外の要素）を入れると、必ず何か新しいものが生まれるんですよ。それは東北以外にも活かせるモデルになりうる。だから東北支援の後半は、次に向けてどういうことが期待できるかな、どういうところに活かせるかな、と想像しながらお金を使っていたんですよ」。

青柳は「点」、つまり目の前にある惨状を復興させることだけを見ているのではなく、次の何か、別のどこかで活かせる東北生まれのモデルを想像して、常に「面」で世界を捉えているのだ。東北の仕事は、会長秘書から始まった社会人人生の結晶のような仕事だったといえるかもしれない。青柳は、元上司からの教えをさらに発展させた思考を自分の物にしていた。青柳の東北支援の活動は今も続いている。

社会人24年目〜　ソーシャルイノベーション本部　子どもの貧困との戦い

青柳の次なる挑戦は、子どもの貧困との戦いだ。これまで日本財団の仕事は行政と民間の間にある、いわば溝を埋めるような仕事が主だったが、これは日本においてメジャーな問題になりつつある子どもの貧困に対し、民間財団が真っ向から向き合おうという前代未聞のプロジェクトなのだ。国が、子ども関連の事業に年間2兆円規模の国家予算をつけているのに対して、日本最大とは言え、年間予算250億円規模の民間財団が向き合おうとしているといえば、このプロジェクトがいかにチャレンジングであるか理解できるかもしれない。しかし政府から声をかけてもらった機会を活かそうと考えた青柳は、コンセプトを「チャリティーではなく投資」に変更することを日本財団から逆提案し、もっとマクロに、もっと大きなインパクトを出そうと動き始めた。

２０１５年、青柳は部長職に昇格。「正しいことをやろうとしていれば、結果はついてくる」と信じる青柳のおまけの人生は、さらに力強く突き進んでいく。

社会人17年目からこれまでのまとめ

▼この時期に得た能力・知識・精神力（スキル）

- たとえ「火中の栗を拾う」ことになっても、行動する覚悟
- できる方法を捻り出し、「前代未聞」を具現化する力
- クールヘッド&ウォームハート
- １つの「点」にとどまらず、「点」から「面」に発展させる力
- ＭＢＡの知識やスキル

【得られた持論】

- （東日本大震災に向き合う中で）自分が正しいと思うことを正しいと思う方法で実践することが大切だ。

▼この時期に抱いていた・湧いてきた想い（ウェイ）

・日本財団に寄せられた期待に応え、日本財団のブランドを守りたい。
・これまでにないスケールの大きな関わり方で課題に真っ向から立ち向かっていこうという想い

【得られた持論】

・自分個人に向けられる期待を超えることに加え、組織を代表して財団に向けられる期待に応えたい。

▼この時期に直面した周囲との軋轢や試練とその克服（ギャップ）

・行政のやり方と自分が進めたい方向のギャップを両立させ、乗り越えた。

【得られた持論】

・自分が信じる正しいことをやるために、あらゆる機会・方法を利用していく。

◆3つの力（スキル、ウェイ、ギャップ）の維持・回復・強化

維持

・正しいと思うことを、実践できるかどうかを確認する。
・与えられた環境もしくは期待された仕事と、自分がやりたいことのギャップを埋めるために、仕事の意味づけを再整理する。

- モチベーションが上がる、下がる、など考えず、課せられた役割に自分の気持ちを上手に合わせにいく。
- 基本は「最後はなんとかなる」と信じ、自分を追い込まないようにする。
- 結果が見えにくい仕事の場合、たとえ小さくても、1つの仕事によってもたらされる効果に集中する。

回復

- スポーツ（マラソン）をして目に見える「結果」を得る。
- 短時間誰かに愚痴を聞いてもらってスッキリする。

強化

- 将来さらに大きな事業に取り組むために必要な力、あるべき姿を想像し、準備する。
- 人生の経験（がんの手術、死ぬかもしれなかった経験）を肯定的に受け止める、残りの人生は余計なことを考えず自分が「信じる」道をひた走るという覚悟を持つ。

事例7

想い（ウェイ）の強さで社内外を巻き込んで大企業を活性化

パナソニック株式会社　コーポレート戦略本部　人材戦略部　リソースマネジメント課
有志の会　One Panasonic 発起人・代表

濱松　誠

■プロフィール

1982年京都市生まれ。2006年松下電器産業（現在のパナソニック）に入社。海外コンシューマー営業、インド事業推進に6年半従事した後、2012年に社内公募で本社人事部門へ異動。パナソニックグループにおける人材戦略を推進する傍ら、2012年に立ち上げた有志の会One Panasonicにて「人・組織・風土」の活性化に取り組んでいる。

▼この事例のポイント

濱松誠（以下、濱松）は、パナソニック株式会社（以下、パナソニック）において、One Panasonicという若手主体の有志の会を立ち上げ、その代表として活動している。

濱松は幼少期から一貫して、「周りの人を幸せにしたい」という想いを胸に生きてきた。学生時代から海外留学を経験し、多様性を活かす人間力を身につけながら成長をしていく。そうした中で、日本を代表する企業であるパナソニックに入社し、「パナソニックの生む付加価値を通じ、日本の、そして世界の人々を幸せにしたい」と思うようになった。この強い想いがあったからこそ、濱松はOne Panasonicを立ち上げ、若手の力によって会社の活性化を図ろうとしたのだ。

地道な活動を積み重ねた結果、One Panasonicには千人規模で社員が参加するようになり、さまざまなメディアにも注目される活動へと成長した。目立つだけに「出る杭」として打たれることも多かったが、想いを成し遂げるために「出過ぎた杭」となり、周囲の抵抗を乗り越えていったのである（ギャップ）。

ウェイを明確に抱き、実現のために突き抜けることによりギャップを乗り越えていく濱松の姿から、会社での正式なポジションの有無にかかわらず、期待を超えるミドルマネジャーとして活躍するためのあり方を見出すことができる。

幼少期～小中高時代　価値観の醸成

濱松は、子どものころからずっと、いわゆる「目立つタイプ」であったという。「リーダー格と言っても、生徒会長をやるほど優等生でもないし、やんちゃグループのリーダーというわけでもなかったです。面白おかしく生きていて、生徒会ともやんちゃなグループとも、分け隔なく仲良くするタイプでした」と小中高の時代を振り返る。誰とでもうまくやる一方で、いじめだけは反対していたという。それは、母子家庭で育ち、3人兄弟を女手一つで育て上げた母親の姿を見ていたことが大きな原体験となっていた。「母親の姿を見て、優しさこそが強さだと思っていました。だから、人には常に優しくしていたい、周りの人を幸せにしたいという想いも抱くようになりました」。これがその後の社会人生活において、ウェイを形成する重要な原体験となったのだ。

一方で、「負けず嫌いな性格」だったとも言う。スポーツでは小学校からバスケットボールに励み、全国大会にも出場するなど、厳しく強いチームに所属し、負けず嫌いな性格が醸成されていった。高校では、バスケットボールに加えて、英語にも興味を持ち英語のクラブ活動にも所属、英語力という後々のキャリアに影響するスキルを身につけていった。「ライバルがいると自分が磨かれる。どちらの部活も、周りと切磋琢磨することで成長することができました」と濱松は言う。

特徴的な点は、「二足のわらじを履くことによって、同じ物事でも、異なる観点から見たらまったく違って見える」ということに高校生にして気づいていた点である。「体育会系の人間が、文化系の英語クラブに所属するということは、普通に考えるとありえなかったのです。体育会系、文化系、互いに相手の考え方を理解できず受け入れない様子でした。自分は、両方の気持ちが理解できたから、考えの違う双方の間に入り、つなぎ役となって1つにまとめていくことができたと思っています」。

大学時代　価値観の醸成

好きな語学を学ぶため、濱松は大阪外国語大学に入学した。英語だけでなく、ヒンディー語を学び、語学を通じて、他国の言語だけでなく、文化や価値観を吸収していった。大学時代には留学や海外研修も経験している。

「世界一の経済大国であるアメリカには、一度住みたいと思っていた」という濱松は、まずニューヨークを選び、1年間在住した。「ニューヨークには、多様な人が集まり、多様性からくるカオスが、大きなエネルギーを生み出していると感じました」。それと同時に、「アメリカの考え方が本当にすべてなのだろうかという疑問も湧いてきました」。

高校での経験から、2つの方向から物事を見ることを重視していた濱松は、発展途上国の1つであったインドにも2カ月間滞在した。「インドに滞在して、異なる言語と文化に触れて、考えていた疑問は確信に変わったのです。アメリカ的な価値観や、英語という言語が、すべてではない。いわゆる〝モノカルチャー〟から脱却しないといけない時代に来ているのだと感じるようになりました」。

こうした経験から、「多様な観点から多面的にものを見るようになったし、多様な考えを聞いて学びたいと思うようになった」と言う。この価値観の醸成により、濱松はさまざまな人の声を聞き、多くの人を巻き込んでいく人間力を身につけていったのだ。

幼少期〜大学時代までのまとめ

▼この時期に得た能力・知識・精神力（スキル）

- 多様な人の声を聞き、多くの人を巻き込んでゆく人間力
- 海外経験と、英語を中心とした言語操作能力

【得られた持論】

- 違いを受け入れ、相手によりコミュニケーションスタイルを変えていくことにより、人を動かし、組織として成果を生み出すことができる。

▼この時期に抱いていた・湧いてきた想い（ウェイ）

- 「周りの人を幸せにしたい」。

【得られた持論】

- 周囲の誰もが、自分がいることで面白くなると感じてほしい。

▼この時期に直面した周囲との軋轢や試練とその克服（ギャップ）

・体育会系と文化系といった、異なる価値観のギャップがあったが、双方のつなぎ役となることで乗り越えた。

【得られた持論】

・自分自身はどちらの考えも理解できるのでつなぎ役になれる。自分を貫くというよりも、あらゆる考え方を認めて、それぞれの理解を促していくことが有用だ。

就職～社会人1年目　薄型テレビ事業　海外マーケティンググループへの配属

濱松がパナソニックに入った一番の理由は、「周りの人を幸せにしたい」というウェイを実現するために、「より良い生活、より良い世界を創造していく」という理念を持つパナソニックこそが、最適な場だと考えたからだった。ウェイの実現に寄与する企業は他にもあったが、大阪の会社で親しみやすかったこと、英語を活かしてグローバルで活躍できること、そして何より、「リクルーターの人たちのバックグラウンドがさまざまで、気さくで面白く、働く社員に惚れたということが、大きなきっかけになった」と当時を振り返る。

内定者として過ごした1年間、内定者のうちにできることが何か考えた結果、「できるだけ多くの社員に会って、どういう仕事があるのかを理解し、社内の人脈をつくっておきたかった」と濱松は話す。ただ、内定者期間は、学業や学生時代にしかできないことに専念するべきだという人事の方針もあり、多くの社員と話す場を会社に設定してもらうことは難しいと感じていた。そこで、内定者間の懇親会を自主的に開催し、同期の横のつながりを積極的に深めていった。これが後のOne Panasonicの活動につながってゆくのである（One Panasonicについては後述）。このころから、会社や組織に対し、「こうあるべきだ」と思うときには、単に批判したり意見したりするのではなくて、「自分で動いて、自分で始めてしまえばいい」という解決方法を身につけ始めていた。

5カ月の研修を経て、最初に配属された職場は、当時の花形、薄型テレビ事業の海外マーケティングだった。「目立ちたがり屋」と自分を称する濱松は、期待に胸を膨らませて、業務に取り組み始めた。しかしここで、濱松は挫折を経験する。「花形部門に配属されたので、自分が大きな仕事を任されて、大きな結果を生み出せるものと思っていました。しかし、現実は、自分にできることなど何もありませんでした。今思えば当然のことですが、大きな事業部で大きな商品を扱えば、どうしたって限られた役割を担うことになります。その中で、自分は実務を覚えることで精一杯で、定型書類の整理といった事務作業が得意でないことも思い知りました。そして、自分がいかに小さな存在かということに気づかされました」。こうした経験から、まずは徹底して実務をこなすためのスキルを身につけることに集中した。それと同時に、「チームの雰囲気づくりなど自分に強みがあることも自覚できたことはその後に生きている」

と濱松は語る。

社会人2～4年目　海外部門　営業チームへの配属

濱松は、花形の大きな事業に携わることの価値を感じる一方で、「自分がもっと直接的に貢献できる手触り感のある仕事をしたい」とも思うようになっていた。そうした中で、2年目からは、小規模だがグローバルに販路が必要となる特殊販売ルートの営業へと異動した。売上規模でいうと、薄型テレビ事業の100分の1ほどの組織である。

ここで濱松は、重要なウェイを身につけることとなる。それは「お客様のため」という強い想いである。営業の組織に所属することで、販売チャネルのバイヤーという直接の顧客、その先の製品のユーザーである消費者が見えたのである。「お客様に価値提供することができたと感じられたときが一番うれしかった」。濱松はこう断言する。

加えて、スキル面では、自分でひととおり仕事を回せるようになったことに加え、交渉力に磨きをかけていた。「販売チャネルのバイヤーとは常に交渉が必要でしたが、ここは信頼関係の構築がすべてでした。500台出してほしいと依頼されても、200台しか出せないときもありました。納得していただくには、相手の懐に入り込み、信頼関係を構築するしかありません。関係さえできていれば、一度だけの取引として交渉せずに、『次回はこうするから、今回は申し訳ないけど』と言いながら、お互いの妥協点を見出すことができるんです」。このように、たび重なる交渉を通して結果を出す自信も身につけた。

また、ギャップを乗り越える術も学び始めていた。「お客様であるバイヤーのニーズには絶対に応えたかったです。でも、規模の小さな事業だけに、社内での交渉力は弱く苦労しました。これについては、対話と誠意で乗り越えてきたつもりです。いかに必要かを社内で情熱をもって伝えることは欠かせませんでした。でもそれだけではなくて、ギブ&テイクの発想も必要で、『今回1000台をうちに出してくれたら、来年もっと多くの発注を約束する。それなら、おたくの部署にとってもいい話でしょ』といった会話をしていました」。濱松は、このようにして、他部署とのギャップを乗り越えていったのだった。

就職～社会人4年目までのまとめ

▼この時期に得た能力・知識・精神力(スキル)

- チームの雰囲気づくりをする人間力
- 信頼関係により相互の納得を生み出す交渉力
- 仕事を自らの手で回せるだけの最低限の実務遂行力

【得られた持論】

・自分の強みを活かしながら、弱みは他の人に頼って、チームとしての成果を最大化すればいいのだ。

▼この時期に抱いていた・湧いてきた想い（ウェイ）

・「お客様のため」こそが働く目的であると認識

【得られた持論】

・「お客様のため」というWho型のウェイを持つことによって、その先の「周りの人を幸せにしたい」という自身の生きる目的を果たせる。

▼この時期に直面した周囲との軋轢や試練とその克服（ギャップ）

・「こうすべき」と思っても、会社が動いてくれない状況。だったら「自分で動いて自分で始めてしまう」ことで、やるべきことを成し遂げるようになった。

・顧客や社内との交渉の場面では、ギブ&テイクにより、双方のニーズを満たすという術を身につけた。

【得られた持論】

・やりたいと思うことは、自ら始動して実行してしまうことが大切。そのうえで、交渉ごとの局面では、ギブ&テイクにより、相手の考えに応じつつ、自らの主張もうまく通す必要がある。

社会人5年目〜7年目　海外部門　インドビジネスへの挑戦

営業部門で3年半が経ったころ、濱松は社内公募に手を挙げ、インド事業の担当として異動することとなった。社内公募に手を挙げるというのは、自分の道を自ら切り開く濱松らしい選択である。「成長市場で自分を試してみたかったんです。それに、インドには留学したこともあるし、文化の理解という観点でも自分の強みを活かせるのではないかと考えました」。濱松は社内公募に手を挙げた理由をこのように話し、「強みを活かすことが大事」という持論に沿った行動をとっていた。

この業務では、担当商品を持たず、インドの消費者ニーズを把握し、インド市場を開拓することがミッションとなっていた。ここで濱松は、インド現地法人側の声と、本国である日本側の声との間に位置する存在だからこその、苦労を経験することとなる。

「インド人メンバーの声を集めインドの消費者ニーズを把握し、それをもって日本の事業部・工場を動かして物をつくり、その製品をインドで販売し市場を開拓することが私の仕事でした。そこにおける自分の存在意義は、『事業部を動かすこと』でした。インドに適した製品を提供するためには、事業部を動かさないとならないのですが、インドの現地法人のメンバーはここに苦労していたんです」。こう語る濱松は、現地法人のメンバーのために、事業部を動かすための行動を始める。

しかし、インドは成長市場とはいえ、まだ規模の小さい市場であったことから、事業部を動かすことは、一筋縄ではいかなかった。そうした中で、濱松を突き動かしたのは「お客様のため」という想いであった。「インドのエンドユーザーのために、現地のメンバーが正しいと思うことを信じ、現地の声を事業部に届け、事業部を動かすことをあきらめずにやり続けました。事業部との直接の交渉だけでなく、例えば、日本のマネジメントにインドに直接見に来てもらったことなどは、物事を前進させるうえで大きな力となりました。こうした広い意味での調整力によって、現地の人の声に応えることができたと思います」。調整力というスキルを持つことにより、事業部とのギャップを乗り越えることができるようになっていたのだ。

濱松はこうも語っていた。「現地のメンバーの声に応えることができたことが何よりうれしいです。できない、難しいと思われていたことを、人を巻き込みながら一体となってやり遂げて、現地に価値を届けられたこと。自分が役に立てることができた実感が持てて、仕事のやりがいを感じられる時期でした」。こうした話から、濱松が周囲の人のためになることを働く動機としているかが窺える。

さて、このころ、インドに関わる業務に必死に取り組んでいた濱松であったが、大企業の中でももっと人と人がつながったほうが面白くなるのではないかという従来からの想いから、

One Panasonicという組織の立ち上げを行った。これは若手による勉強会・交流会の開催や、管理職の先輩（会長、社長、パナソニックの元社員などを含む）を囲んでのコミュニケーション、講演会の開催といったことを行う有志の集まりで、現在ではさまざまなメディアに取り上げられる活動に発展している。

社会人8年目〜10年目　人材戦略部

濱松は、インド事業に2年携わった後、本社の人事機能であるコーポレート人事本部に異動した。またしても、新設部署の社内公募に手を挙げての異動であった。

すでにOne Panasonicの活動を本格化していた濱松にとって、これはまさにうってつけのチャンスであった。「若手の多いOne Panasonic代表という立場の人間が、全社の人事施策全体を検討する一員となることができました。One Panasonicの活動は、人事と近い領域なので、若手の声を集めて、それを制度に落とし込むことができる可能性もあり、非常にやりがいがあります」。濱松はここでも、自分の強みを活かせる組織へと身を置いているのであった。

この時期、本社の人事という視点から組織を俯瞰して見たことは大きな経験になった。全社視点で会社を見ることによって、濱松の仕事に対する想いにも変化が生じた。「若手にもっともっと元気に活躍してもらいたい。そしてパナソニックをもっといい会社にしたい。パナソニックという大きな組織を動かすことで、日本をよりよくし、世界をよりよくしていけると、信じています」。

こうして人事の業務を経験した濱松は、社会人11年目に入り、次のチャレンジを得た。それは、ベンチャー企業への出向である。パナソニックとしては初のケースであり、常に新しいチャレンジに手を挙げ、自ら開拓してきた濱松だからこその抜擢といえよう。

社会人5年目〜10年目までのまとめ

▼この時期に得た能力・知識・精神力（スキル）

- 文化の違いを乗り越え、信頼関係を築く力
- 人を動かし物事を推進する調整力
- 人事としての知識・経験

【得られた持論】

- 外国人や、利害関係の相反する人であっても、相手を信じ、相手のために行動する。そうすることで信頼を獲得し、信頼を得ることさえできれば1つのチームとなって成果を生み出すことができる。

▼この時期に抱いていた・湧いてきた想い（ウェイ）

・異国の環境下であっても、「お客様のため」であることには変わりない。

・「周囲の人の役に立ちたい」、「パナソニックという会社のためになりたい」という動機が強まってきた。

【得られた持論】

・お客様と社内の周囲の人に対する想いの先に、パナソニックという会社のためがあり、日本のため、世界のため、とつながっていく。

▼この時期に直面した周囲との軋轢や試練とその克服（ギャップ）

・インド現地法人の声と、事業部の考えとのギャップに悩むが、影響力の大きい人を動かすことによって、実行に至った。

【得られた持論】

・お客様や仲間のことを真剣に考え調整すれば道は開ける。

社会人7年目～10年目　One Panasonicの立ち上げ

本書において、会社の正式な役職としてはマネジャー職でない濱松を取り上げたのは、濱松がOne Panasonicという自主組織を立ち上げ、そこの代表として組織を引っ張っているからである。パナソニックという大企業において、若手主体の組織を自ら立ち上げ、会長や社長を含む2000人ほどが参加する大きな組織へと成長させ、変革の種を組織にまいている。濱松は代表という立場から、大企業において、多様なステークホルダーの中に身を置き、本書の定義するマネジャーが直面するさまざまな場面を乗り越えているのである。会社が規定するポジションがなくても、大組織に変化の種をまくことは可能であり、それを大きく育てることができることをこの事例は教えてくれる。

「One Panasonic」は、大企業の中でももっと人と人がつながったほうが面白くなるのではないか、という濱松の想いから始まった。組織の枠を越えた交流を図ることで、社員の志・知見・人脈を拡大し、面白くて新しいものをどんどん生み出せる土壌をつくるべく、社員が自発的に活動している有志の会である。

One Panasonicのきっかけとなったのは、内定者での懇親会であった。前述のとおり、濱松は自身が内定者のときに懇親会を開いた。濱松らしいのは、その後も毎年、内定者と若手を集めて懇親会を開催したことである。「内定者も喜ぶし、若手も初心に戻れるし、みんなのためになるから」と言う濱松は、「周囲のため」という想いと、「自分から行動する」という彼の強みのスタイルから、このようなことを継続していた。この懇親会を、徐々に勉強会の形態へと広げていき、徐々に大きな活動となっていった。

そして、2012年3月、パナソニック、松下電工、三洋電機の統合の際に、「会社レベルではいろいろなしがらみはあっても、若手・現場レベルからでもパナソニックとして1つになろう」という理念の下、数人の運営メンバーとともに、3社から参加者を募り、One Panasonic交流会を実施。これが、有志の会One Panasonicの立ち上げとなった。

One Panasonicの代表としての濱松は、「発起人(ファウンダー)である自分が一番意見を言っています。組織を引っ張るうえでは、リーダーの声が一番大事ですから」と語り、指示型のリーダーシップスタイルを覗かせる。同時にこうも語る。「強みと弱みを活かすのがチームであることの価値だと思うんです。自分は事務作業や細やかなイベント運営は得意ではないから、そこはメンバーに任せっきりで。自分は自分の強みである、想いやビジョンを内外に語り続けて、情熱によって人を巻き込み、チームを1つの方向へと向けていくことが、自分にしかできない役目だと思っています」。このように、弱みの部分は委任型をとってメンバーに任せながらも、強みの部分は自分が先頭に立つ、というスタイルが、濱松のリーダーシップである。

One Panasonicで広報を担当し濱松を支えている則武里恵氏によると、「想いを語らせたらピカイチ。想いへの共感で人がついてきていると感じます。実務は確かに苦手ですが(笑)、そこは私たちがサポートしますから。意見が食い違うことがあっても、最後はその〝想い〟のところで、皆が1つになれるから、ここまで来られたのだと思います」ということだ。強みを活かす濱松のリーダーシップスタイルが、組織に効果的に浸透しているといえよう。

「パナソニックをよりよい会社にしたい」という自身の強い想いからスタートしたOne Panasonicであるが、必ずしも順風満帆というわけではなかった。周囲にはさまざまな声や見方があった。「『もっとこういうやり方をすべきでは？』というアドバイスもいただきましたし、『本業のほうが大事だろ』というようなお声もいただきました。『この活動に本当に意味があるのか？　濱松に自由にやらせていていいのか？』という声があるということも認識はしていました」。濱松はこう語るが、濱松のウェイが際立っているからこそ、それだけ目立ち、周囲の人との考えにギャップが生まれることになったのだろう。これはどの組織であっても往々にして起こることだろう。

しかし、濱松には1つの信じる答えがあった。「出る杭は打たれるけど、出過ぎた杭になれば打たれませんから」。つまり、周囲の声に迎合するのではなく、自身の想いを信じて突き抜ければ、ギャップは乗り越えられるという、突破型を身につけてきた濱松らしい考え方であった。

濱松のブレない姿勢を象徴するエピソードを1つ紹介しよう。濱松は、One Panasonicを成功させ軌道に乗せるためには、社長の賛同が欠かせないと考えていた。「トップが会社をつくっていますから。いろいろな声はあるけれども、賛同者を増やして強力に推進するにはトップの後押しが欠かせないと思ったんです」。こう語る濱松は、社長に直にメールを送り、100名ほどが集まる交流会に、社長に来てもらうように依頼した。これを社長は快諾し、当日参加したのである。

「私はOne Panasonicは、『奇跡の集団』だと思っています。若手の心に火をつけ、横のつながりを持ち、よりよい成果を上げていく。このためにOne Panasonic以上に効果的な施策は見当たりません」。濱松はこのように言い切る。パナソニックという会社のこと、そこで働く社員のこと、製品をご利用くださるお客様のこと、周りの人のことを真剣に考えているからこそ、言えることとだろう。さらに濱松は、「このOne Panasonicの活動を、他企業にも広げていきたい。One ○○○という活動はすでに他の企業でも若手の方々が取り入れ始めてくれているんです。世の中の大きなうねりにすることで、パナソニックを超えて日本全体に貢献していけると信じています」と語る。One Panasonicの活動をスタートしたことにより、日本全体をよりよくしていくための道筋が、濱松の目にははっきりと映っているようだ。

One Panasonicを立ち上げてからこれまでのまとめ

▼この時期に得た能力・知識・精神力（スキル）

・強みを活かし、弱みはチームに補ってもらうリーダーシップスタイル

【得られた持論】

・強みであるビジョンや方向性を示す段階では「指示型」のリーダーシップスタイルでリードするものの、実務・細部は「委任型」をとって積極的に任せていく。

▼この時期に抱いていた・湧いてきた想い（ウェイ）

・パナソニックという会社を通じて世の中をよくしたいという想いが強化された。

・さらに、パナソニック以外の企業にも想いを伝播させ、日本全体に波及させたいと思うようになった。

【得られた持論】

・自分の想いを社内外に発信し続けることこそが、「周囲の幸せのため」という自分のウェイを成し遂げることにつながる。

▼この時期に直面した周囲との軋轢や試練とその克服（ギャップ）

・One Panasonicで自分がやりたいことと、周囲の意見とのギャップ

【得られた持論】

・やりたいこと・やるべきことを素直に言い続け、出過ぎた杭となって乗り越えた。「突破型」をとり、自分が突き抜ければ、軋轢はなくなる。

◆3つの力（スキル、ウェイ、ギャップ）の維持・回復・強化

維持

・アンテナを常に張り巡らせ、多くの情報から吸収することで、スキルが不足することのないようにしている。

・自身の想いを常に周囲に語ることにより言語化し、自身の想いをより明確なものにしている。また、外に向けて発信することで自分を追い込み、前進するための努力を怠らないようにしている。

回復

・想いに共感する仲間を持つことにより、困難な状況に直面しても、仲間の後押しを受けて乗り越えられる。

強化

・自分が働く動機について、「周囲の人のため」↓「パナソニックのため」↓「日本のため」

↓「世界のため」と明確につながっているため、ブレずに周囲のために努力できる。One Panasonicという活動を軸に、これらがすべてつながって見えているため、どんな困難があっても、One Panasonicのためであれば精一杯頑張ることができる。

- 「無ければ自ら立ち上げる」という突破型のスタイルが社内に認識されている。自らの強みを徹底して強調することで、強みが強化され続けるよいサイクルに入っている。

おわりに

最後までお付き合いいただき、ありがとうございました。

読者の皆さんが何か1つでも学んでくださり、そして明日からのアクションにつなげていただけるものがあったとしたら、執筆者としてはうれしいかぎりです。


さて、本書では**「自己を変革する」**ことを通じて周囲からの期待を超える成果を上げる、もしくは上げ続けているミドルマネジャーが持つ共通点（スキル、ウェイ、ギャップとその維持・回復・強化の方法論）について述べてきました。

改めて、この「自己変革」という特性を時代の変化に当てはめて概観したのが次ページの図表です（図表の右下に「自己変革」というキーワードが出てきます）。

当然のことながら、時代により求められる人材像は変わります。人口減社会に入った今、国内の多くの市場は縮小していきます。そのような状況の中で成長を目指すためには、企業は内部で常に変化を起こし続け、新しい価値を創出することが必要となっています。そして、その

	高度経済成長期	失われた20年	人口減社会
年代	1960～80年代	1990～2000年代	2010年代～
社会背景	人口が増加し市場が成長。需要が供給より大きく、供給すれば売れる時代	バブル崩壊により、多くの企業が倒産へ。人口増が止まり国内市場は低成長	人口減が始まり、国内市場は縮小。競争が激しく常に変化が求められ、No.1企業か独自の価値を持つ企業しか生き残れない
日本企業の取り組み	積極的な投資による拡大成長路線	生き残るため、企業コスト削減、業務効率化に舵を切り強い体質となった	M&Aや独自技術により世界で戦える成長企業がある反面、変化が小さく停滞している企業とに二極化
企業が求める（求めた）人材像	**猛烈社員** 勘・経験・度胸を兼ね備える社員。企業戦士や猛烈社員とも言われる人材	**有能なマネジャー** 必要なスキルを持ち、「型」どおりに仕事をし、指示どおりに確実に実行できる人材	**自立型マネジャー** 市場の激しい変化に対応し、現場でスピーディーに判断できる人材
真に必要な人材像として企業に提案されたこと	**効率型人材・新アイデア創出人材** 効率の向上や、アイデアを創造できるスキルを兼ね備える人材が必要だ	**組織を変革できる人材** 環境変化に合わせて柔軟に組織を変えることができる人材が必要だ	**自己変革を続ける人材** 自らを変革し続け、周囲を巻き込みながら組織を動かし、新しい価値を提供し続ける人材が必要だ（本書からの示唆）

ためには会社の中核をなすミドルマネジャーが**「自分自身を変え続ける」**ことがますます重要になっていくのです。

加えて、技術の進展により、今後10～20年後に人工知能やロボットにとって代わられる可能性のある仕事のリストが研究機関から出されるなどしていますが、この時代の流れに対応する（抗う）唯一の方法も、自分を変えていく、学び続けるという姿勢であることは言うまでもありません。

そして、**これを企業の側から見たときには、各企業の従来型の考え方に偏ることなく、個々人が「ウェイ」を持って働くことを積極的に支援していくことが求められるでしょう。**それにより、社内で「ギャップ」が生まれることも多いでしょうが、それを乗り越えられるミドルマネジャーを生み出すことが、自発的に変化し、成長し続ける企業であるために欠かせない条件になるはずです。

ミドルマネジャー個人の変化する姿勢と、企業からの働きかけ、その双方によって、どんな環境においても自己変革を続けながらイキイキと働き続けられるミドルマネジャーを増やしていくことが、組織・企業の枠組みを超えて日本を元気にし、日本の成長・発展に寄与するものと、私たちは信じています。

さて、本書を上梓するに当たっては、本当に多くの方のお力添えをいただきました。すべての方のお名前を挙げることは叶いませんが、心より感謝を申し上げます。

ご多用の中、インタビューにご協力いただいた41人の各業界のミドルマネジャーの皆様、特に、第5章で事例として詳しくご紹介した7人の方々が、長時間にわたるインタビューに丁寧に応じて、資料も提供してくださったおかげで本書の根幹部分をつくることができました。

また、グロービス経営大学院東京校に在籍していた伊藤栄芝さん、垣立浩さん、岸本賢和さん、久野惇さんからは多くのデータやさまざまなアドバイスをいただきました。また、金澤英明さん、江原潤さんにも多くのアドバイスをいただきました。東洋経済新報社の藤安美奈子さんは、企画を具体化し、執筆中も励ましの言葉をかけてくださいました。本当にありがとうございました。

最後に、本書を上梓するまでの経緯等について記したいと思います。

5人の執筆者が勤務または修了したグロービス経営大学院は、2016年現在、年間750人を超える社会人学生を受け入れる日本最大のビジネススクール（MBA）です。カリキュラムは多岐にわたっていますが、その中に、修了間近に受講する科目として「研究プロジェクト」というものが用意されています。本書はそのプロジェクトで研究した成果をもとに、執筆しました。
メンバーのうち4人は、それぞれが勤務する企業において、まさにミドルマネジャーとして日々「自己変革力」の重要性を感じながら奮闘、1人は研究科長として、グロービス経営大学院でビジネスパーソンの志やリーダーシップを研究するという立場にある合計5人のメンバーで研究を深めていきました。私たち自身が数多くの「期待を超えるミドルマネジャー」の皆さんへのインタビューから数多くのことを学び、感じ、勇気づけられました。

「自己変革を続ける期待を超えるミドルマネジャー」の生き方に向き合うことから、見出されたスキル、ウェイ、ギャップという3つの力の獲得・維持・回復・強化の方法などが、読者の皆さんの今後のビジネスパーソンとしての時間の過ごし方、そして生き方に少しでも役立つことを心から願いつつ、筆を擱《お》きたいと思います。

2016年6月吉日
執筆者一同

参考文献

【書籍】

相原孝夫『ハイパフォーマー 彼らの法則』日本経済新聞出版社、2014年
青井博幸『重要会議ではヅラをかぶろう――超・実践クリエイティブ経営』講談社、2009年
池田守男・金井壽宏『サーバント・リーダーシップ入門――引っ張るリーダーから支えるリーダーへ』かんき出版、2007年
上阪徹『成功者3000人の言葉――人生をひらく99の基本』飛鳥新社、2013年
太田肇『承認欲求――「認められたい」をどう活かすか？』東洋経済新報社、2007年
金井壽宏『中年力マネジメント――働き方ニューステップ』創元社、1999年
金井壽宏『仕事で「一皮むける」――関経連「一皮むけた経験」に学ぶ』光文社、2002年
金井壽宏『働くみんなのモティベーション論』NTT出版、2006年
金井壽宏・高橋俊介『キャリアの常識の嘘』朝日新聞社、2005年
金井壽宏・米倉誠一郎・沼上幹編『創造するミドル――生き方とキャリアを考えつづけるために』有斐閣、1994年
クリステンセン、クレイトン・M／ジェームズ・アルワース／カレン・ディロン『イノベーション・オブ・ライフ――ハーバード・ビジネススクールを巣立つ君たちへ』櫻井祐子訳、翔泳社、2012年
グロービス経営大学院著、田久保善彦監修『創業三〇〇年の長寿企業はなぜ栄え続けるのか』東洋経済新報社、2014年
グロービス経営大学院著、田久保善彦執筆・監修『志を育てる――リーダーとして自己を成長させ、道を切りひらくために』東洋経済新報社、2011年
グロービス・マネジメント・インスティテュート編、大中忠夫監修『MBAリーダーシップ』ダイヤモンド社、2006年
コッター、ジョン・P『パワーと影響力――人的ネットワークとリーダーシップの研究』加護野忠男・谷光太郎訳、ダイヤモンド社、1990年

小浜逸郎『人はなぜ働かなくてはならないのか――新しい生の哲学のために』洋泉社、2002年
小室淑恵・駒崎弘樹『2人が「最高のチーム」になる――ワーキングカップルの人生戦略』英治出版、2011年
シャイン、エドガー・H『キャリア・アンカー――自分のほんとうの価値を発見しよう』金井壽宏訳、白桃書房、2003年
シャイン、エドガー・H『キャリア・サバイバル――職務と役割の戦略的プラニング』金井壽宏訳、白桃書房、2003年
DIAMONDハーバード・ビジネス・レビュー編集部編訳『【新版】動機づける力――モチベーションの理論と実践』ダイヤモンド社、2009年
高橋伸夫『虚妄の成果主義――日本型年功制復活のススメ』筑摩書房、2010年
ミハイ、チクセント『フロー体験　喜びの現象学』今村浩明訳、世界思想社、1996年
戸田智弘『働く理由――99の名言に学ぶシゴト論。』ディスカヴァー・トゥエンティワン、2007年
野田智義・金井壽宏『リーダーシップの旅――見えないものを見る』光文社、2007年
野田稔・ミドルマネジメント研究会『中堅崩壊――ミドルマネジメント再生への提言』ダイヤモンド社、2008年
野中郁次郎・勝見明『イノベーションの本質』日経BP社、2004年
野中郁次郎・勝見明『全員経営――自律分散イノベーション企業 成功の本質』日本経済新聞出版社、2015年
野中郁次郎・竹内弘高『知識創造企業』梅本勝博訳、東洋経済新報社、1996年
バッキンガム、マーカス『最高のリーダー、マネジャーがいつも考えているたったひとつのこと』加賀山卓朗訳、日本経済新聞出版社、2006年
ハメル、ゲイリー／ブリーン、ビル『経営の未来――マネジメントをイノベーションせよ』藤井清美訳、日本経済新聞出版社、2008年
ピースマインド・イープ株式会社『レジリエンス ビルディング――「変化に強い」人と組織のつくり方』英治出版、2014年
ピンク、ダニエル『モチベーション3.0――持続する「やる気!」をいかに引き出すか』大前研一訳、講談社、2010年
ファィヨール、アンリ『産業ならびに一般の管理』山本安次郎訳、ダイヤモンド社、1985年

堀義人『創造と変革の志士たちへ――真の実践力を身につけるための「自分の磨き方」』ＰＨＰ研究所、２００９年
増田弥生・金井壽宏『リーダーは自然体――無理せず、飾らず、ありのまま』光文社、２０１０年
ミンツバーグ、ヘンリー『マネジャーの仕事』奥村哲史・須貝栄訳、白桃書房、１９９３年
ミンツバーグ、ヘンリー『マネジャーの実像――「管理職」はなぜ仕事に追われているのか』池村千秋訳、日経ＢＰ社、２０１１年
山根一眞『メタルカラーの時代１』小学館、１９９７年
レイサム、ゲイリー『ワーク・モティベーション』金井壽宏監訳、依田卓巳訳、ＮＴＴ出版、２００９年
和田秀樹『嫉妬学――足を引っ張る〝エンビー〟嫉妬　上を目指す〝ジェラシー〟嫉妬』日経ＢＰ社、２００３年

【論文】
東俊之「変革型リーダーシップ論の問題点――新たな組織変革行動論へ向けて」『京都マネジメント・レビュー』第8号、２００５年
小方真・谷口真美「これからのミドル・リーダーに求められる役割・機能、能力に関する研究」『経営行動科学学会第15回年次大会　発表論文集』２０１２年
金井壽宏「ミドル・マネジャーのエンパワーメント――日本型ＨＲＭシステムの文脈のなかでのミドルの生涯発達課題」『研究年報　經營學・會計學・商學』第42巻（下巻）、１９９６年
金井壽宏「リーダーとマネジャー――リーダーシップの持論（素朴理論）と規範の探求」『國民經濟雜誌』第１７７巻第4号、１９９８年
金井壽宏「ライン・マネジャーになる節目の障害と透明――『なりたくない症候群』と『世代継承的夢』」『國民經濟雜誌』第１９１巻第3号、２００５年
金井壽宏「実践的持論の言語化が促進するリーダーシップ共有の連鎖」『國民經濟雜誌』第１９８巻第6号、２００８年
金井壽宏「東海バネに学ぶ人材マネジメント型企業変革リーダー」『経営行動科学』第23巻第3号、２０１０年

産業能率大学「第3回 上場企業の課長に関する実態調査」２０１６年
白岩航輔「自己効力感の向上プロセスに関する研究——人事社員を対象にして」神戸大学大学院経営学研究科、２０１４年（http://www.b.kobe-u.ac.jp/stuwp/）
永井恒男・八木陽一郎・石原野恵「内省型リーダーシップ」『人材教育』第23巻第7号～第11号、２０１１年
日本経済団体連合会「ミドルマネジャーをめぐる現状課題と求められる対応」２０１２年
古野庸一「『覚悟』『修羅場』『内省』——経営人材育成 三種の神器」『RMS message』第28号、２０１２年
松尾睦「経験学習を活性化する人事制度——ヤフー株式会社の事例」Discussion Paper, Series B、第１１４号、２０１３年
丸山一芳「組織的知識創造とミドル・マネジャーの認識——キヤノン・アルビレックス新潟の事例研究」『Works Review』第3号、２００８年
Spreitzer, Gretchen and Christine Porath, "Creating Sustainable Performance," *Harvard Business Review*, January–February 2012
「5カ国比較〝課長〟の定義」『Works』第１２８号、２０１５年、リクルートワークス研究所

【ウェブサイト】
「２０１５年度 新入社員 秋の意識調査」日本生産性本部（http://service.jinjibu.jp/news/detl/10345/）
「ＭＢＡ経営辞書『テクニカル・スキル、コンセプチュアル・スキル、ヒューマン・スキル（カッツの3能力）』」グロービス知見録、２００９年2月23日（http://globis.jp/article/1605）
「プレイングマネジャー」日本の人事部（http://jinjibu.jp/keyword/detl/205/）

■執筆者紹介

田久保　善彦（たくぼ　よしひこ）：監修・執筆

株式会社三菱総合研究所を経て現在グロービス経営大学院経営研究科研究科長。慶應義塾大学理工学部卒業、同大学院理工学研究科修了。スイスIMD PEDコース修了。経済同友会幹事、経済同友会教育改革委員会副委員長（2013年度）、ベンチャー企業社外取締役、顧問、NPO法人の理事等も務める。著書に『ビジネス数字力を鍛える』『社内を動かす力』（ダイヤモンド社）、共著に『志を育てる』『グロービス流　キャリアをつくる技術と戦略』『27歳からのMBA　グロービス流ビジネス基礎力10』『27歳からのMBA　グロービス流ビジネス勉強力』『27歳からのMBA　グロービス流リーダー基礎力10』（東洋経済新報社）、『日本型「無私」の経営力』（光文社）、『東北発10人の新リーダー　復興にかける志』（河北新報出版センター）等。

唐澤　俊輔（からさわ　しゅんすけ）：第2章、第5章執筆担当

慶應義塾大学法学部法律学科卒業。グロービス経営大学院修了（MBA）。

日本マクドナルド株式会社に入社。マーケティング本部にて、マーケティング及び商品戦略・企画を担当した後、社長室長として全社の変革を推進。現在は、ナショナルマーケティング部の部長として、マーケティング戦略策定、新規プラットフォーム開発、メディア・店頭マーチャンダイジングのイノベーションに取り組む。中・大企業の変革を志し、「グロービス変革クラブ」を立ち上げ代表を務める。

仙波　愛弓（せんば　あゆみ）：第1章、第5章執筆担当

神戸大学大学院自然科学研究科機械工学専攻修了。グロービス経営大学院修了（MBA）。

日本航空株式会社整備本部にて、航空機の機体構造整備に従事したのち、海外エアラインとの整備受委託ビジネス拡大に貢献。その後、財務・経理本部にてアメーバ経営・部門別採算の根幹を成す管理会計を担当し、運航路線別収支分析により迅速な経営判断を支える。また、事業創造戦略部における新規事業の企画立案に携わり、投資計画・事業化等を推進する。

都志見　亙（つしみ　わたる）：第4章、第5章執筆担当

神奈川大学経営学部国際経営学科卒業。グロービス経営大学院修了（MBA）。

商社での海外営業、製薬会社での人事を経て現在は日本オラクル株式会社に勤務。人事本部人材組織開発部にて新卒育成、各階層のリーダーシップ開発、次世代経営人材育成、パフォーマンスマネジメント及びタレントマネジメント、従業員エンゲージメントなどの組織開発に携わる。

村松　哲哉（むらまつ　てつや）：第3章、第5章執筆担当

早稲田大学第二文学部表現・芸術系専修卒業。グロービス経営大学院修了（MBA）。

コンテンツ制作会社にてテレビアニメーションの企画やキャラクターの商品化、その後は出版社にて書籍の販売計画を立案するなど、一貫してコンテンツビジネスに従事。

現在はコンテンツ企画会社にて、テレビアニメーションの制作や宣伝のプロデューサー業務に携わる。

【著者紹介】
グロービス経営大学院
社会に創造と変革をもたらすビジネスリーダーを育成するとともに、グロービスの各活動を通じて蓄積した知見に基づいた、実践的な経営ノウハウの研究・開発・発信を行なっている。
・日本語(東京、大阪、名古屋、仙台、福岡、オンライン)
・英語(東京、オンライン)

グロービスには以下の事業がある。(http://www.globis.co.jp)
●グロービス・マネジメント・スクール
●グロービス・コーポレート・エデュケーション
(法人向け人材育成サービス/日本・上海・シンガポール・タイ)
●グロービス・キャピタル・パートナーズ(ベンチャーキャピタル事業)
●グロービス出版(出版/電子出版事業)
●「GLOBIS知見録」(ビジネスを面白くするナレッジライブラリ)

その他の事業:
●一般社団法人G1(カンファレンス運営)
●一般財団法人KIBOW(震災復興支援活動)

これからのマネジャーの教科書
自己変革し続けるための3つの力

2016年7月7日　第1刷発行
2018年12月6日　第6刷発行

著　者――グロービス経営大学院
監修者――田久保善彦
発行者――駒橋憲一
発行所――東洋経済新報社
〒103-8345　東京都中央区日本橋本石町 1-2-1
電話=東洋経済コールセンター　03(5605)7021
https://toyokeizai.net/

装　丁…………吉住郷司
D T P…………森の印刷屋
印　刷…………東港出版印刷
製　本…………積信堂
編集担当………藤安美奈子

ISBN 978-4-492-52219-6